Stephanie Witt-Loers

Sterben, Tod und Trauer in der Schule

Eine Orientierungshilfe mit Kopiervorlagen

Mit 8 Abbildungen

Vandenhoeck & Ruprecht

Für Jan und Jona

Bibliografische Information der Deutschen Nationalbibliothek

Die Deutsche Nationalbibliothek verzeichnet diese Publikation in der Deutschen Nationalbibliografie; detaillierte bibliografische Daten sind im Internet über http://dnb.d-nb.de abrufbar

ISBN 978-3-525-58009-7

Printed in Germany.
Druck und Bindung: Hubert & Co, Göttingen.

Gedruckt auf alterungsbeständigem Papier.

Inhalt

Vorwort

Wo Menschen sterben, bleiben andere zurück, die zwischen Erschrecken und Trauer, Unverständnis und Wut, Ohnmacht und Tatendrank zerrissen sind.

Obwohl das Lebensfeld der Schule schon allein aufgrund des Gesetzes der großen Zahl von diesem Ereignis nicht verschont bleibt, gibt es in den zahlreichen Curricula und Vorsorgeplänen keine Strategien zum Umgang mit dem ungeliebten, aber ewig präsenten Thema Tod. So stürzt die Konfrontation mit dem Tod von Schülern, Lehrern oder Angehörigen zumeist in Hilf- und Sprachlosigkeit. Warum eigentlich, wo man doch für alle anderen Notfälle ausgefeilte Pläne bereithält und regelmäßig zu trainieren gebietet?

Der Tod führt in der Schule zu einer Rollenauflösung: Die Trauer überschwemmt alle Beteiligten gleichermaßen und macht keinen Unterschied zwischen Schülern und Lehrern. Alle sind potenziell Betroffene von Ereignissen, die sich der Lebenssehnsucht widersetzen, und das eben meistens unpassend.

Das vorliegende Buch animiert zur Beschäftigung auf vielen Ebenen: Es vermittelt kurz und prägnant grundlegende Kenntnisse über Trauerprozesse bei Kindern, Jugendlichen und Erwachsenen. Es zeigt auf, dass und wie in der Schule auf Todesereignisse zu reagieren ist.

Es bietet eine Menge Handwerkszeug, um in einer eher ohnmächtig machenden Situation Unsagbares auszudrücken. Und es sollte anregen, sich in Schulen an Pläne zu setzen, die den plötzlichen und unaufschiebbaren Handlungsbedarf vorausdenken.

Trauer kann man nicht verhindern, der Tod lässt sich nicht planen, aber den Umgang damit kann man gestalten.

Prof. Dr. Joachim Windolph

Theologe, Supervisor (DGSv)
KatHO NRW, Abt. Köln

1. Zum Entstehen des Bandes

Es war mir ein Anliegen, diese Orientierungshilfe für Schulen im Umgang mit Sterben, Tod und Trauer zu erstellen, da ich persönlich erfahren habe, wie hilflos und unsicher wir sind, wenn wir mit diesem Themenbereich, sei es aus aktuellem Anlass (Unfalltod oder Suizid) oder durch fortschreitende Krankheiten, die zum Tod führen, konfrontiert werden.

Die eigene emotionale Betroffenheit kann uns handlungsunfähig machen und es kann uns schwer fallen, Kindern und Angehörigen in dieser Situation hilfreich und unterstützend zu begegnen.

Wenn dringender Handlungsbedarf besteht, kommen erschwerend der Zeitdruck und die kurzen Vorbereitungsphasen hinzu, bevor Schüler informiert werden müssen oder die Trauerfeier gehalten wird.

Natürlich hatte auch ich nicht mit dem plötzlichen Tod eines Kindes aus unserem eigenen Lebensumfeld gerechnet. Die Nachricht vom Unfalltod des Freundes und Klassenkameraden unseres Sohnes erschütterte mich zutiefst und ich konnte zuerst gar nicht glauben, was ich da hörte.

Die Reaktionen meiner drei Kinder auf die Mitteilung des Todes von J. und meine eigene Trauer um ihn veranlassten mich dann – vor dem Hintergrund auch meiner frühen Erfahrungen als Geschwisterkind einer leukämiekranken jüngeren Schwester, des Verlustes eines Kindes im fünften Schwangerschaftsmonat und der intensiven Begleitung eines sterbenden Jungen im Rahmen meiner Tätigkeit als Hospizhelferin –, einen Weg zu suchen, diesen Abschied von J. für alle Betroffenen so gut wie möglich hilfreich mitzugestalten und zu unterstützen.

Mir verlangte damals die sehr knappe Vorbereitungszeit für die Unterrichtstage und die Trauerfeier von J. viel Kraft und Disziplin ab und ich wäre froh gewesen, wenn ich eine Orientierungshilfe gehabt hätte, auf die ich spontan hätte aufbauen können.

Mir fehlten ein Verzeichnis von Literatur, die ich hätte verwenden können, und auch Empfehlungen für bestimmte Handlungsweisen, da mir die Situation, mit einer Gruppe von trauernden Kinder konfrontiert zu sein, fremd war und ich nur ein grobes Wissen über die Trauerreaktionen bei Kindern hatte.

Die Erfahrungen und das Engagement beim Tod von J. waren für mich Anlass, eine Ausbildung zur Kindertrauerbegleiterin am Kinderhospiz Balthasar in Olpe zu machen und die vorliegende Orientierungshilfe mit dem dort gewonnen Hintergrundwissen zu entwickeln.

Darüber hinaus konnte ich in der Trauerbegleitung angehöriger Eltern und Geschwister mit den Schwierigkeiten und Wünschen, die Eltern und Geschwister von Verstorbenen im Zusammenhang mit Sterben und Tod gegenüber der Schule haben, vertraut werden.

Weitere Erkenntnisse zu diesem Themenbereich gewann ich durch Gespräche mit Schülern, die Mitschüler oder Lehrer durch Unfalltod, Krankheit oder Suizid verloren hatten. Auch Lehrer, die mit diesen Themen konfrontiert wurden und sich oftmals plötzlich in einer Situation zurechtfinden mussten, auf die sie weder in der Ausbildung noch im persönlichen Bereich vorbereitet waren, teilten mir ihre Schwierigkeiten und Bedürfnisse im Umgang mit dem Themenkreis Sterben, Tod und Trauer an der Schule mit.

Äußerungen betroffener Eltern zeigen, wie wichtig es ist, Kinder in ihrer Trauer verstehen zu lernen.

„Wir haben erfahren, dass die Lehrer die Trauerreaktionen unseres Kindes nicht einordnen konnten. Für sie war das Kind nicht trauernd, weil es seine Trauer nicht ständig nach außen hin sichtbar gemacht hat. Schon nach zwei Wochen trafen wir auf Unverständnis, dass die Hausaufgaben nicht kontinuierlich gemacht worden seien. Unser Sohn wurde mit der Erklärung zurechtgewiesen, dass der Tod des Bruders doch nun lange genug her sei, um dem Schulgeschehen wieder korrekt zu folgen."

„Als unser Sohn drei Monate später auf eine weiterführende Schule kam, informierten wir die Schulleitung über den Tod des Bruders und die akute Trauersituation unseres Sohnes, mit der Bitte um Weiterleitung an die Lehrer, die unseren Sohn unterrichten würden. Leider kam man unserer Bitte nicht nach. Da der Klassenlehrerin ein ihr unverständliches Verhalten unseres Sohnes auffiel und sie uns deshalb zum Gespräch bat, konnte sie die Auffälligkeiten nach unserer Erklärung besser einordnen und unseren Sohn erfolgreich unterstützen. Wir waren dieser Lehrerin für ihre Wachsamkeit sehr dankbar."

Die vorliegende Orientierungshilfe soll eine Lücke schließen. Sie möchte sowohl den Umgang mit akuten Trauersituationen als auch den Abschied bei längerfristig absehbarem Sterben durch Krankheit in der Schule erleichtern. Sie kann Handlungsweisungen geben und sie soll bei der Entwicklung individueller Trauerverarbeitung unterstützen. Sie möchte auch Mut machen, eigene Wege zu gehen.

Vorab sind einige grundlegende Haltungen zu erörtern, die für Verständnis und Umgang mit den Themen Sterben, Tod und Trauer im Bereich Schule hilfreich sein können.

Außerdem sollen Todeskonzepte, Trauerkonzepte, Trauerreaktionen und Aufgaben bei Kindern und Jugendlichen vorgestellt werden.

Anschließend werden schulorganisatorische und gestalterische Hilfen für den Notfall und darüber hinaus gegeben.

Am Beispiel des plötzlichen Unfalltods eines Schülers der ersten Klasse möchte ich meine eigenen Erfahrungen zum Umgang mit Trauer an der Schule vorstellen.

Ein Verzeichnis von entsprechender Literatur, Musikstücken, Filmen, Theaterstücken, Internetadressen und Kontaktstellen soll die Orientierungshilfe vervollständigen.

2. Einführung

2.1. Trauer betrifft alle Menschen, auch in der Schule

Die Themen Sterben, Tod und Trauer betreffen jeden von uns. Auch Kinder erleben Abschieds- und Verlustsituationen. Das können ein Umzug, die zeitweilige Trennung von Bezugspersonen, die Scheidung der Eltern, der Verlust von Spielzeugen, der Verlust von Freundschaft, der Tod eines Haustieres, der Tod eines Elternteils, eines Geschwisters, eines Mitschülers, der Tod von Großeltern oder anderen Personen ihres Lebensraumes sein.

Die Schule ist neben der Familie ein für Kinder ganz bedeutender Lebensbereich. Hier verbringen Kinder einen großen Zeitraum ihres Lebens und ihrer persönlichen Entwicklung. Daher wäre es wünschenswert, wenn sie gerade auch in der Schule Menschen finden, die bereit sind, ihnen in ihrer Trauer zu begegnen, sie zu unterstützen und zu begleiten.

2.2. Kindern darf Trauer zugemutet werden

Die Sorge und früher oft vertretene Meinung, dass die kindliche Auseinandersetzung mit Sterben, Tod und Trauer Ängste bei den Kindern verstärken würde, hat man nach wissenschaftlichen Forschungen revidiert. Die gut gemeinte Schonung, Rücksichtnahme und der Versuch, den Kindern Trauererfahrungen ersparen zu wollen, führen dazu, dass Kindern die Möglichkeiten des eigenen Begreifens und des Abschieds verwährt bleiben. Oft entsteht sogar ein Gefühl des Ausgeschlossenseins, verbunden mit Einsamkeitsgefühlen und einem Vertrauensverlust gegenüber den Erwachsenen.

Heute ist man in der Trauerforschung der Auffassung, dass eine Auseinandersetzung mit Sterben, Tod und Trauer zur geistig-seelischen Entwicklung von Kindern dazugehört.

Deshalb empfehlen Fachleute wie Barbara Monroe und Francesca Thompson, Kinder nicht vor solchen – wenn auch schmerzlichen – Erfahrungen zu bewahren, und Joachim Wittkowski stellte 1990 fest, dass ein verbessertes Faktenwissen eine Sensibilisierung für todbezogene Themen sowie ein geschärftes Problembewusstsein zur Folge hat. Auch Sven Jennessen von der Universität Oldenburg ist sicher, dass das Bewusstsein für die Endlichkeit des Lebens dazu beitragen kann, das Leben zu bejahen und eine selbstbewusste Lebenseinstellung begünstigt.

2.3. Sterben, Tod und Trauer sind heute für Kinder schwer erfahr- und begreifbar

Erschwert wird Kindern und Erwachsenen eine innere Auseinandersetzung mit Sterben, Tod und Trauer dadurch, dass wir in unserer heutigen Zeit immer weniger Gelegenheit haben, dem Sterben und dem Tod zu begegnen. Aus dem alltäglichen Leben sind sie weitgehend ausgegrenzt. Menschen sterben heute nur selten zu Hause. Häufig werden die älteren oder sterbenden Menschen in Institutionen wie Altersheimen, Krankenhäusern oder Hospizen versorgt und das „Sterbegeschehen" somit ausgelagert.

Zusätzlich sind viele traditionelle Riten und Bräuche in unserer Gesellschaft verloren gegangen. Das gemeinschaftliche Trauern in der Familie, die Aufbahrung zu Hause, die Totenwache und die Totenklagen sind selten geworden; die schwarze Trauerkleidung, die den Trauernden früher kenntlich machte, wird nicht mehr selbstverständlich getragen.

Der Tod ist zu einem gesellschaftlichen Tabu geworden, das durch die hohe Lebenserwartung, die hohen Ansprüche an Gesundheit und Medizin und durch das in den Medien dargestellte und idealisierte Menschenbild nur verstärkt wird.

Auf der anderen Seite erleben Kinder den Tod in den Medien schon früh, aber auch sehr einseitig. Siebzig Morde täglich könnten sich Kinder im Fernsehen laut einer Studie des Nachrichtenmagazins SPIEGEL ansehen. Viele Filme und Computerspiele verharmlosen das Töten. Oft ist das wahllose, massenhafte und brutale Töten sogar Sinn des Spiels. Zeitungen, Internet und Nachrichtensendungen sind voll von Bildern, die Kriege, Katastrophen, Unfälle und Verbrechen zeigen. Möglichkeiten zur Auseinandersetzung und zur Aufarbeitung des Geschehenen und Gesehenen gibt es selten. Oft werden Kinder mit Todes-Bildern und Todes-Spielen allein und damit sich selbst überlassen.

Eine wichtige Form, vom Verstorbenen Abschied zu nehmen, ist die Trauerfeier oder Beerdigung. Sie ist ein Ritual, das hilft, Abschied zu nehmen, den Verlust zu begreifen und ihn als Realität anzuerkennen. Auch hier werden in unserer Gesellschaft Kinder oft ausgeschlossen. So bleibt ihnen die Möglichkeit, sich zu verabschieden und den Tod für sich zu realisieren, verwehrt und fremd. Unter anderem aus diesen Gründen ist dann die Begegnung mit Sterben, Tod und Trauer mit starken Angstgefühlen, Unsicherheit und Hilflosigkeit besetzt.

2.4. Die Bearbeitung von Sterben, Tod und Trauer in der Schule ist notwendig

Aus den oben aufgeführten Gründen lässt sich die Wichtigkeit und Notwendigkeit ableiten, Sterben, Tod und Trauer im schulischen Bereich zu bearbeiten und zu thematisieren. Viel Angst, Scham, Einsamkeit und andere leidvolle Erfahrungen könnten vermieden werden, wenn wir uns bewusster mit diesen tabuisierten Themen beschäftigen würden.

Es ist sinnvoll, sich frühzeitig, das heißt, bevor ein aktueller Anlass dazu zwingt, mit Sterben, Tod und Trauer zu beschäftigen. Die akute Situation könnte dadurch entschärft werden, der Umgang damit liefe entspannter ab. In einer durch aktuelle Ereignisse ausgelösten Trauersituation könnten wir auf gemeinsame Ressourcen im Umgang miteinander zurückgreifen, wenn wir uns zuvor mit Gedanken an Tod und Trauer beschäftigt haben. Wir könnten die Entstehung unnötiger Ängste in der Trauersituation verhindern und auf bereits entwickelte Ausdrucksformen von Gefühlen, die mit Sterben, Tod und Trauer verbunden sind, bauen. Das gibt Schülern, Lehrenden und Eltern mehr Sicherheit im Umgang und im Verständnis für sich und die anderen.

Wertvoll wären hier insbesondere Lehrerfortbildungen, in denen eigene Trauererfahrungen und Erfahrungen von Trauerereignissen an der Schule reflektiert und praxisnah umgesetzt werden könnten.

Für die Schüler sollten Projekt und Orientierungstage zu Sterben, Tod und Trauer angeboten werden, damit sie sich mit diesen Themen vertraut machen können. Einen guten Ansatz bietet das Projekt für Grundschulen „Hospiz macht Schule". (11. Verfügbare Materialien)

2.5. Mögliche Perspektiven, die die Beschäftigung mit Sterben, Tod und Trauer in der Schule bietet

Die Chancen, die eine unterrichtliche Auseinandersetzung mit diesem Themenbereich eröffnen, sind sehr vielfältig. So kann die eigene soziale Verantwortung in der Begegnung miteinander gestärkt werden und ein emphatisches Verständnis für hilfsbedürftige, kranke, sterbende und trauernde Menschen entwickelt werden.

Die Kinder lernen Möglichkeiten und Wege der Trauer- und Verlustverarbeitung kennen, lernen ihre eigenen Bedürfnisse nach Trost und Unterstützung kennen, entwickeln Ausdrucksformen im Umgang mit Gefühlen der Trauer, erleben die Bedeutung der Gemeinschaft – zum Beispiel dass sie nicht allein sind in ihrer Not, dass andere Menschen ähnliche Sorgen haben und damit umgehen müssen, dass sie ihren Schmerz mit anderen teilen dürfen. Kinder und Jugendliche erfahren den Wert von gegenseitigem Respekt, Wertschätzung und Akzeptanz.

Solche Erfahrungen verändern die Selbst- und Fremdwahrnehmung. Sie erweitern den Blickwinkel und können den Prozess der Trauerbewältigung fördern.

3. Kinder und Tod

Wie erleben Kinder und Jugendliche Verlust und Tod? Elisabeth Kübler-Ross und Jean Piaget haben hier Forschungsarbeit geleistet und Todes-Konzepte beschrieben. Dabei dienen die Altersangaben lediglich der Orientierung und können sich je nach Entwicklungsstand eines Kindes oder Jugendlichen individuell nach oben oder unten verschieben.

3.1. Kleinkinder

Kleinkinder bis zum dritten Lebensjahr empfinden bei Trennungen Trauer- und Verlustgefühle und haben Angst vor dem Verlassenwerden. Allerdings haben sie noch keine konkrete Vorstellung vom Tod.

3.2. Vorschulkinder

Kinder bis zum sechsten Lebensjahr denken „magisch“, das heißt u.a., dass sie glauben, mit ihrem Denken und Wünschen auf die Wirklichkeit einwirken zu können. Für sie ist der Tod noch nichts Endgültiges, er wird nur als vorübergehende Abwesenheit verstanden. Ohnehin unterscheiden sie noch nicht zwischen Belebtem und Unbelebtem.

3.3. Grundschulkinder

Grundschulkinder (bis zum neunten Lebensjahr) sind nun in der Lage, den Unterschied zwischen „tot“ und „lebendig“ zu erfassen. Sie möchten den Tod erforschen, mehr darüber wissen und haben ein sachliches, nüchternes Interesse an den Äußerlichkeiten des Todes. Friedhöfe, Todesursachen, Beerdigungen, Verwesung und Verbrennung sind Themen, die sie interessieren.

Andererseits wird der Tod eines geliebten Menschen oder Tieres oft als Bestrafung erlebt („Ich war nicht lieb, also ...").

3.4. Schulkinder

Ältere Kinder (bis zum zwölften Lebensjahr) erkennen jetzt, dass alle Lebewesen, auch sie selbst, einmal sterben müssen. Ursachen für den Tod sind in ihrer Vorstellung meistens Alter und Krankheit.

Sie erleben den Tod als ein endgültiges, abschließendes und unausweichliches Ereignis.

3.5 Jugendliche

Jugendliche (bis zum achtzehnten Lebensjahr) stellen existenzielle Fragen nach dem Sinn des Sterbens, des Todes und des Lebens.

In ihrer Trauer wirken sie oft unnahbar und unberührt; andererseits fühlen sie sich oft für die Zurückgebliebenen verantwortlich.

4. Trauerreaktionen und Traueraufgaben bei Kindern und Jugendlichen

4.1 Was ist Trauer und wie äußert sie sich bei Kindern und Jugendlichen?

Die Trauer ist eine natürliche Reaktion auf Verlust, sie hat ihre ganz spezifische Zeit, ihr eigenes Maß und zeigt sich auf geistiger, körperlicher und psychischer Ebene so individuell und vielfältig, wie wir selbst sind. Sie erfasst den Menschen als Ganzes. Trauer ist kein vorübergehender Zustand, sondern ein langer Prozess, der sich wandelt und bei jedem Menschen anders verläuft, so auch bei Kindern.

Auch Kinder brauchen Zeit, um Abschied zu nehmen, Trauer zu durchleben und Verluste zu verarbeiten, aber Kinder trauern anders als Erwachsene. Oft sind Erwachsene irritiert und verunsichert durch die Verhaltensweisen trauernder Kinder, weil sie glauben, die Kinder würden nicht trauern.

Wichtig zu wissen ist deshalb, dass – anders als bei Erwachsenen – die Gefühle in der Trauer bei Kindern oft sprunghaft schwankend sind und plötzlich wechseln. Das kann zum Beispiel ein abrupter Wechsel von lustiger, heiterer Stimmung zu Traurigkeit sein oder umgekehrt.

Kinder machen Pausen in ihrer Trauer. Auch das lässt manchmal den Eindruck entstehen, als ob sie nicht trauerten. Diese „Trauerpausen" sind aber eine ganz natürliche Schutzreaktion, um sich von den seelischen und körperlichen Anstrengungen zu erholen.

Körperliche Symptome, wie Gliederschmerzen, Kopfschmerzen, Müdigkeit, Appetitlosigkeit, Schlafstörungen und Albträume, können Erscheinungen sein, die die Trauer begleiten.

Bei Jugendlichen kann ein Trauerfall oft auch eine starke Sinn- und Identitätskrise auslösen.

In der Trauerforschung spricht man von Aufgaben, die die Trauer stellt, die bewältigt werden müssen, wenn Trauernde wieder zu einem sinnerfüllten Leben finden wollen. So müssen sie ihr Leben neu ordnen, sich langsam zurechtfinden, sich finden in einer oft fundamental veränderten Lebenssituation. Denn nicht selten ändert sich durch einen Todesfall der Alltag der Angehörigen grundlegend. Mit diesem veränderten Lebensumfeld leben zu lernen, beansprucht Kraft, Zeit und Raum. Nichts ist mehr, wie es war.

Wird Trauer verdrängt, kann sie dauerhafte Schäden und Krankheiten auslösen. Das Aussprechen und Leben von Gefühlen in der Trauer ist deshalb heilsam und wichtig, nicht nur für trauernde Kinder.

Wir sollten wissen, dass Kinder in ihrer Trauer auch aggressives und provozierendes Verhalten zeigen können und dass dies zur normalen Trauerreaktion gehören kann. Die Kinder haben oftmals Wut auf den Verstorbenen, weil er sie einfach verlassen hat, weggegangen ist und somit Verursacher ihrer Traurigkeit ist.

Auch Schuldgefühle sind nicht selten bei Kindern. Kinder glauben manchmal, dass sie den Verstorbenen vielleicht nicht lieb genug gehabt oder ihn zu sehr geärgert haben und dass sie nun mit seinem Tod für ihr Fehlverhalten bestraft würden. Besonders zum Tragen kommen diese Schuldgefühle beim Suizid einer Bezugsperson des Kindes.

4.2 Trauerkonzepte

Trauerkonzepte, wie William Wordon und Verena Kast sie entwickelt haben, können eine Orientierung sein, um Trauerreaktionen und Trauerprozesse einzuordnen. Sie erleichtern es, Trauernde zu verstehen und ihre oft widersprüchlichen Gefühle der Trauer zu würdigen. Die in den „Traueraufgaben" formulierten Inhalte können nützlich sein, um trauernde Kinder und Jugendliche zu begleiten und sie hilfreich zu unterstützen.

Gleichzeitig sollten wir immer die Individualität der Person, der Familiensituation, die Lebensumstände, das soziale Umfeld, die Beziehung des Kindes zum Verstorbenen, sowie die Umstände des Todes der verstorbenen Person berücksichtigen, denn

Trauerprozesse sind von vielen verschiedenen Faktoren abhängig.

„Trauer kann in gewissem Sinne ein Ende finden und hört doch in gewissem Sinne nie auf." (William Wordon)

William Wordon beschreibt das Trauern nicht als eine Phase mit verschiedenen Stationen und Stufen, die Trauernde durchlaufen müssen, sondern ordnet Trauernden verschiedene „Aufgaben" zu, mit welchen sie sich nach dem Verlust und den damit verbundenen veränderten Lebenssituationen aktiv auseinandersetzen. Dem trauernden Mensch kann es gelingen, sein Leben dem Verlust anzupassen und ein sinnerfülltes Leben zu führen.

Verena Kast spricht von Trauerphasen, hebt aber hervor, dass Trauer ein Prozess ist und benennt Gefühle, die in der Trauer auftreten können. Die in der Trauer vielfältig und widersprüchlich auftauchenden Gefühle haben alle ihre Berechtigung und können als Form des persönlichen Trauerprozesses anerkannt werden.

Traueraufgabe: Die Realität anerkennen

Auf die Todesnachricht können Kinder und Jugendliche mit Gefühlsschock, Verleugnung, Nicht-wahrhaben-Wollen, Empfindungslosigkeit, schonen der engsten Bezugspersonen, oder Abspaltung des Schmerzes – eine instinktive Schutzreaktion, da zu starke Gefühle die Kinder in dieser Zeit überwältigen würden-reagieren.

Die *Traueraufgabe*, ist es, die Realität des Verlustes anzuerkennen. Die Todesnachricht ist aufzunehmen, zu hören und zu begreifen. Informationen über die Todesursache und den Tod sind wahrzunehmen, der Tod soll stückweise als Realität akzeptiert werden.

Traueraufgabe: Den Trauerschmerz durchleben

Wenn der Schmerz der Trauer sich Bahn bricht, treten widersprüchliche Gefühle auf; es kann zu wahren Gefühlsausbrüchen kommen. Zerstörungswut, (Spielzeuge, Pflanzen, ...), Starre,

Zorn, Traurigkeit, Wut, Enttäuschung, Schmerz, Leere, Verzweiflung, Schuldgefühle, Angst, Hass, Sehnsucht, Ohnmacht, Niedergeschlagenheit, Freude, Dankbarkeit – all dies kann zum Vorschein kommen und wird, bisweilen auch expressiv, ausgelebt.

Es kann zu Aggressionen kommen. Aggressive Verhaltensweisen dienen der Befreiung von Gefühlen der Schwäche, sind ein Versuch, sich selbst wieder stark zu fühlen. Erwachsene fühlen sich oft durch „auffälliges kindliches und aggressives Trauerverhalten" gestört, dabei benötigen Kinder gerade dann Beistand und Begleitung.

Auch körperliche Reaktionen bei Kindern sind nicht selten. Das können z.B. Appetitmangel, Schlafstörungen, Unruhe, Konzentrationsschwäche, Schmerzen in Bauch, Brust oder Hals sein.

Kinder erleben in ihrer Trauer oft ganz existenzielle Sorgen, „wer versorgt mich", „wer finanziert unser Leben". Sekundäre Verluste, wie der Verlust des Wohnortes, damit verbunden dann auch der Verlust von sozialen Strukturen belasten Kinder oft zusätzlich.

Die *Traueraufgabe* ist es, den Abschiedsschmerz zu durchleben, den unterschiedlichen Gefühlen zu begegnen und ihnen Ausdruck zu verleihen, das heißt auch: über das innere Erleben zu sprechen.

Traueraufgabe: Sich anpassen an eine Umwelt in der der Verstorbene fehlt

Stirbt ein nahe stehender Mensch, müssen Kinder lernen sich anzupassen an die veränderte Lebenssituation. Sie nehmen neue Rollen im sozialen Umfeld ein.

Die Beziehungen zu den Bezugspersonen im Lebensumfeld des Kindes verändern sich. So z.B. auch die Eltern-Kindbeziehung, wenn ein Geschwister verstorben ist oder die Geschwister-Geschwisterbeziehung, wenn ein Elternteil verstorben ist.

Das Kind findet sich plötzlich in der neuen Rolle eines: Einzelkindes, Waisenkindes oder es ist jetzt ältestes oder jüngstes Kind. Es entstehen auch neue Beziehungen der Umwelt zum Kind.

Die *Traueraufgabe* ist das Abschiednehmen, das Verinnerlichen dessen was war und das sich Anpassen an eine Welt in der der Tote fehlt.

Traueraufgabe: Dem Toten einen neuen Platz zuweisen

Das bedeutet, das Geschehen, sich selbst und den Verstorbenen neu einzuordnen. Das was der Tote dem Kind bedeutet hat, muss in neu entstehende Lebensgefüge eingebracht werden.

Der Verstorbene wird in anderer Form, an einem anderen Platz im eigenen Leben integriert und doch in einer lebendigen Erinnerung behalten. So kann das Kind einen neuen Selbst- und Weltbezug entwickeln und sinnerfüllt weiterleben.

Es kann gelingen, dass Kinder ein inneres Bild des Toten für sich entwickeln und den Verlust als Realität akzeptieren.

Plätze die für den Verstorbenen gefunden werden, können äußere Plätze sein wie z.B. die Grabstätte, ein Ort des Gedenkens, Fotos, Gegenstände oder Texte.

Die *Traueraufgabe,* dem Toten einen neuen Platz zuzuweisen, kann auch bedeuten, den Verstorbenen als eine Art inneren Begleiter zu erleben, der stärkt und schützt, der sich aber auch wandeln darf. Besonders wichtig kann das sein, wenn der Platz des Verstorbenen mehr negativ besetzt ist, z.B. bei einem gewalttätigen Elternteil oder einem alkoholabhängigen Elternteil.

Trauernde können neue Lebensmuster an alte Stellen treten lassen, ohne dass der Verstorbene vergessen wäre.

5. Begleitung trauernder Kinder und Jugendlicher

In der Kindheit erfahrene Verluste und deren Bewältigung haben Einfluss auf die weitere Entwicklung des Kindes. Kinder begegnen dem Tod mit der ihrem Alter verbundenen Todesvorstellung (3. Kinder und Tod) und ihrer individuellen Entwicklung entsprechend. Deshalb brauchen Kinder und Jugendliche informierte, einfühlsame und aufmerksame Gesprächspartner, die bereit sind sich zu öffnen und Anteil zu nehmen, auch wenn wir nicht auf alle Fragen eine Antwort haben. Kinder und Heranwachsende brauchen Begleiter, die sie mit dem Erlebten nicht allein lassen und ihnen die gesunde Entwicklung von Todeskonzepten und Zukunftsperspektiven ermöglichen. Sie müssen informiert werden und Fragen stellen dürfen. Sie haben ein Recht auf eine gemeinsame Suche nach Antworten. Wir können Kindern den Zusammenhang zwischen Leben und Tod verständlich machen und ihnen die Bedeutung des Wandels und der Veränderung, die Leben ausmacht, nahe bringen.

Kinder brauchen in ihrer Trauer auch in der Schule von ihren Lehrern Unterstützung, Orientierung und Stabilität. Mit Schülerinnen und Schülern über die Themen Sterben, Tod und Trauer zu sprechen, erfordert von Lehrenden eine große Flexibilität. Es bedeutet, das gewohnte Rollenverhalten abzulegen. Man wird den Schülern offen und ehrlich gegenübertreten und das heißt auch: zugeben, dass man selbst auf manche Fragen keine Antwort hat und unsicher ist. Das ist nicht leicht. Der Lehrende ist hier nicht der „Fachwissende", sondern steht mit den Lernende auf einer Ebene bei der Suche nach Antworten.

Kinder brauchen Möglichkeiten, Abschied zu nehmen von dem Verstorbenen, und Möglichkeiten, ihre Gefühle auszudrücken. Sie müssen sich erinnern dürfen an den Verstorbenen, mit seinen positiven wie negativen Seiten, und sie müssen einen

Platz für den Verstorbenen in ihrem weiteren Leben finden dürfen.

Wesentlich für den Umgang mit trauernden Kindern und Jugendlichen ist es, dass wir als Erwachsene ihre Gedanken, ihre Fragen und Gefühle ernst nehmen, sie respektieren und tolerieren, auch wenn uns das Verhalten der Kinder und Jugendlichen vielleicht manchmal unverständlich erscheint, uns unter Umständen sogar irritiert oder schwer zu ertragen ist. Selbst unsicher zu sein im Umgang mit trauenden Menschen, nicht zu wissen, wie man sich am besten verhalten sollte, ist normal. Ehrlich darüber zu sprechen ist besser, als die Situation zu ignorieren. Trauernde Kinder spüren ehrlich gemeintes Mitgefühl und sind froh über authentische Kommunikationspartner.

Grundsätzlich sollten wir darauf achten, uns klar und deutlich auszudrücken, nichts zu verschleiern und nicht zu verharmlosen.

Poetisch-euphemistische Formulierungen – ewige Ruhe, entschlafen, lange Reise, fortgegangen, geholt worden – können zur Folge haben, dass Kinder verunsichert werden. Kinder nehmen das Gesagte wörtlich. Sie glauben dann womöglich, man könnte den Toten vielleicht doch noch wecken, es bestünde die Möglichkeit einer Rückkehr. Oder sie bekommen selbst Angst vor dem Einschlafen. Kindern werden so in ihrem natürlichen Trauerprozess behindert.

Wenn wir wiederum ganz zu diesem Themenbereich schweigen, lassen wir die Kinder mit eigenen Bildern und Phantasien allein, die schlimmer sein können als die Realität selbst.

Kinder dürfen in ihrer Trauer nicht gezwungen werden, sich zu äußern. Bieten Sie die Möglichkeit zu einem Gespräch an, aber drängen Sie kein Kind dazu. Zeigen Sie auf einfühlsame Art, dass Sie um den Schmerz seiner Trauer wissen.

Kinder brauchen in einer emotional verunsichernden Lebenssituation Geborgenheit und ebenso brauchen sie Zeiten, in denen sie ihren Alltag leben und ihren Interessen nachgehen können. „Trauerfreie Zonen“ bieten Sicherheit, Schutz und spenden Kraft für den Trauerprozess.

Hilfe benötigen Kinder auch, um zu begreifen, dass sie nicht schuldig sind am Tod des Verstorbenen. Sie brauchen Hoffnung auf eine lebenswerte Zukunft, um ihr Leben weiterhin leben und lieben zu können.

Wir können Tröster und Begleiter trauender Kinder sein, indem wir anerkennen, wie viel Kraft das Leben in einer Trauersituation kostet, dass jeder anders trauert und seine Art hat, mit dem Ereignis umzugehen. Indem wir ihnen unsere Zuwendung und Zeit schenken; indem wir aktiv zuhören und Anteil nehmen; indem wir Wertungen vermeiden und indem wir praktische Hilfe und Unterstützung anbieten, (z.B. Hausaufgabenbetreuung und Unterstützung beim Lernen, Hilfen im Alltag) können wir trauernde Kinder auf ihrem Weg entlastend begleiten.

6. Schulorganisatorische und gestalterische Orientierungshilfen im Notfall

Wie können wir vorgehen, handlungsfähig sein, trotz eigener Betroffenheit und Unsicherheit, wenn ein Mensch stirbt und dieser Tod auch im schulischen Bereich Einfluss nimmt, auf die Menschen die in dieser Institution leben, lernen und arbeiten?

Notwendige schulorganisatorische Maßnahmen sind hier aufgeführt. Zu beachten ist aber, dass die gestalterischen Orientierungshilfen nicht alle umgesetzt werden können und dass eine *Auswahl für das jeweilige Ereignis* getroffen werden sollte, damit die Schüler nicht überladen werden und genügend Raum für eigene Formen und Wege bleibt.

Berücksichtigt werden sollte auch der jeweilige Entwicklungsstand der Schüler. Es müssen auch weiterhin „trauerfreie" Zonen in der Schule für die Schüler und Lehrer existieren, die die Möglichkeit bieten, dem normalen Alltag nachzugehen.

Die nachfolgend aufgeführten Rituale ermöglichen ein gemeinsames Trauern – in Klassen, Gruppen oder Stufenverbänden oder in der gesamten Schule. Sie sollten aber immer auch für eine bedürfnisorientierte und individuelle Ausgestaltung offen sein. Sinnvoll sind zudem die verschiedensten Formen kreativer Auseinandersetzung mit dem Verlust. Neue, eigene Ideen ergeben sich oftmals aus dem Prozess des Abschiednehmens und können den Verlauf der Trauer hilfreich unterstützen.

Trauer ist natürlich stark von der Intensität der Beziehung zum Verstorbenen abhängig. Aber auch die Bedeutung und Rolle des Verstorbenen, seine Stellung in der Gemeinschaft und für den Einzelnen dieser Gemeinschaft sind für den Handlungsablauf, den Trauerverlauf und die Intensität des Trauerprozesses prägend. Unter anderem deshalb werden Trauerprozesse auch immer individuell verschieden sein. Aus diesen Gründen sollte je nach Fall sensibel die schulinterne Vorgehensweise abgewogen werden.

6.1. Informationsverarbeitung

Wesentlich ist ein strukturiertes und koordiniertes Vorgehen. Bei plötzlichem Tod besteht dringender Handlungsbedarf. Deshalb ist die Information *sofort* zu bearbeiten, notfalls auch nachts, in der Ferienzeit oder am Wochenende. Die Schulleitung oder Vertretung und das Kollegium sollten sich so schnell wie möglich zusammensetzen und Folgendes tun:

- die Meldung erst einmal auf ihren Wahrheitsgehalt überprüfen: Hat es wirklich diesen Tod so gegeben? Gerüchte in Zusammenhang mit dem Tod sollten unbedingt vermieden werden
- die Informationsweitergabe und den Informationsweg gemeinsam abstimmen
- klären, welche Schüler und Kollegen besonders betroffen sind und welche Schüler oder Lehrer nicht betroffen sind
- auch andere an der Schule Beschäftigte informieren (Hausmeister, Sekretariat); auch sie haben Kontakt zu den Schülern und Kollegen und zur Öffentlichkeit
- bedenken, ob auch in diesem Zusammenhang ein Kindergarten verständigt werden sollte (Geschwisterkinder, Spielkameraden, Freunde, die diese Institution besuchen)
- die Elternpflegschaft/Elternvertreter der besonders betroffenen Klasse/n informieren und um Zusammenarbeit bitten
- bei Verbrechen, Amoklauf, Brand an der Schule, Bombendrohung oder anderen Katastrophen das Verhalten den Medien gegenüber festlegen (Schulleitung!)
- schriftliche Informationen an das Kollegium weiterleiten, damit die Informationen auch fehlende Lehrer erreichen, um spätere Verwirrung oder Missverständnisse zu vermeiden

6.2. Kompetenz- und Aufgabenverteilung

Es sollte gemeinsam und schnell im Kollegium mit der Schulleitung und wenn möglich auch mit Elternvertretern festgelegt und überlegt werden:

- Wer ist für die Informationsvermittlung an die Schüler in der/den jeweiligen Klasse(n)/Stufen zuständig und wer kann – aus der eigenen emotionalen Verfassung heraus – Verantwortung übernehmen?

  Es kann hilfreich sein, wenn zwei Personen diese Aufgabe gemeinsam übernehmen. Ist vor Unterrichtsbeginn aus zeitlichen Gründen keine Abstimmung mehr möglich, sollte der Schulleiter diese Aufgabe übernehmen und/oder eine den Schülern vertraute Person bestimmen.
- Sollte für die Lehrerschaft oder die betroffene Schülerschaft oder Klasse oder für einzelne Schüler externe Hilfe angefordert werden (Seelsorger, Krisenteams, Psychologen, kompetente Eltern, Beratungsstellen)?
- Wer nimmt den Kontakt zu den betroffenen Angehörigen auf (z.B. zu den Eltern verstorbener Kinder, zum Partner von verstorbenen Kollegen, zu Kollegen, die ein Kind verloren haben, zum Elternteil eines Kindes, das ein Elternteil verloren hat)?
- Wer übernimmt die Konzepterstellung für die Gestaltung des weiteren Unterrichts und des Abschieds (Hier gilt es, Teamarbeit zu fördern!)? (Hilfestellungen dazu unter Punkt 6.5. und 11. Verfügbare Materialien)
- Wer kann eine der Situation angemessene Information an die Eltern der Schüler herausgeben?
- Wer gestaltet/entwirft eine Traueranzeige?
- Wer informiert den Geistlichen oder die Person, die die Trauerfeier/Beerdigung hält? Wer beteiligt sich, ggfs. mit Schülern, an deren Vorbereitung und Durchführung?

6.3. Kontakt zu betroffenen Angehörigen

Von Seiten der Schule sollte Kontakt zu betroffenen Angehörigen aufgenommen werden, u.a. um

- Anteilnahme zu zeigen
- Unterstützung und Hilfe anzubieten
- wichtige Informationen auszutauschen, z.B. zur Todesursache, zum Unfallhergang, zum Krankheitsverlauf, zu den äußeren Umständen
- den Ablauf der Abschiedsfeier zu koordinieren
- den Umgang mit betroffenen Angehörigen im Schulbereich abzusprechen (Geschwisterkinder, Kollegen)
- Wünsche der Angehörigen zu erfragen und zu respektieren, *nicht* zu bewerten; dabei zu beachten: die Religionszugehörigkeit oder auch Religionslosigkeit
- den besten möglichen Abschied für die Angehörigen zu gestalten, denn sie müssen ohne den Verstorbenen weiterleben
- zu erfahren, was die Angehörigen an praktischer Hilfe benötigen (Essen, Einkäufe, Betreuung von Kindern, Hausaufgabenbetreuung u.a.)
- den Schülerinnen und Schülern mit dem Einverständnis der Angehörigen wichtige Informationen zu vermitteln (z.B. bei Suizid, oder Unfällen)

6.4. Betroffenen Schülern begegnen und sie informieren

Wenn die Aufgaben im Kollegium verteilt sind, gilt es, der Schülerschaft gegenüberzutreten und die schlimme Nachricht zu vermitteln. Die dafür ausgewählten Personen sollten vor allem darauf achten, eine ruhige und Vertrauen erweckende Atmosphäre zu schaffen. Ein Gespräch über den Tod kann nicht „zwischen Tür und Angel" erfolgen; es braucht alle verfügbare Ernsthaftigkeit und Dichte. Es muss spürbar sein, dass jeder den anderen schätzt und seine Gefühle achtet.

Hilfreich ist es, wenn vor dem Gespräch eine *gemeinsame Mitte* gestaltet wird. Dazu eignen sich

- Kerze
- Tuch
- Taschentücher
- Gegenstand des Verstorbenen
- Foto
- Blumen oder Blüten

Die Mitte kann mit symbolischen Hoffnungsträgern ausgeschmückt werden, z.B. mit

- Schmetterling
- Weizenkorn
- Regenbogen
- Spirale
- Blumen
- Jahreskreis (Frühling, Sommer, Herbst und Winter…)

Wer mag, kann für ruhige und entspannende Hintergrundmusik sorgen; im Stuhlkreis um die Mitte herum sitzen die Kinder oder Jugendlichen.

Gegenstände können das Gespräch erleichtern, sei es ein Kuscheltier bei kleineren Kindern oder ein Stein, eine Perle, ein Stück Holz bei größeren. Dieser Gegenstand wird rundum gegeben. Wer etwas sagen möchte, behält den Gegenstand während seiner Sprechzeit in der Hand und gibt ihn dann an den nächsten Nachbarn weiter. Wer nichts sagen möchte, gibt den Gegenstand direkt an den Nächsten weiter. Ganz wichtig: Niemand darf gezwungen werden etwas zu sagen!

Gespräche können und werden sich u.a. um folgende Themen und Fragen drehen:

- Wir suchen gemeinsam nach Wegen, um den Abschied zu gestalten.
- Wir sprechen über Hoffnung und Zukunftsperspektiven.

– Wir suchen Trost und wollen trösten.

– Wir benennen das, was geschehen ist, deutlich, aber ohne die Würde anderer zu verletzen.

– Wir sprechen darüber, dass der Tod zum Leben gehört wie das Geborenwerden, wie Schmerz und Freude, wie Leid und Glück.

– Wir geben der eigenen Trauer Raum.

– Wir klären Sachfragen; zum Beispiel den Ablauf der Beerdigung, die Bedeutung der schwarzen Trauerkleidung, den Unterschied zwischen Sarg und Urne. Was geschieht mit dem Toten? Wie fühlt sich ein Toter an? Sind Tote giftig? Darf man weinen?

– Wir klären ausdrücklich, dass Weinen, Wut, Zorn und Verzweiflung normale Zeichen von Trauer sind und dass jeder auf seine Weise trauert – laut oder leise, mit anderen oder allein – und dass das alles „richtig“ ist.

– Wir beschäftigen uns auch mit unseren Fragen nach Schuld und sprechen uns zu, dass wir unser Gewissen entlasten dürfen.

– Wir akzeptieren, dass nicht alle Fragen, die wir im Zusammenhang mit Leben, Tod und Sterben haben, zu beantworten sind; wir sind dennoch gemeinsam auf der Suche nach Antworten.

– Wir sprechen über den/die Tote sprechen und teilen unsere Erlebnisse und Erinnerungen.

– Wir lassen auch Stille und Schweigen zu.

– Wir nehmen uns Zeit, um Gefühle zuzulassen, zu trauern und Abschied zu nehmen.

Abgesehen von solchen Gesprächskreisen ist es wichtig, den gewohnten Tageszeitplan einzuhalten, denn Kinder brauchen gerade in Krisenzeiten äußere Strukturen, die Halt geben und ein Stück Normalität garantieren.

Gruppen oder Einzelne werden auch *individuelle Formen des Abschieds* finden und entwickeln.

Es empfiehlt sich, für eine bestimmte Zeit einen *Raum der Stille* anzubieten, wo sich Schülerinnen und Schüler bei Bedarf zurückziehen können, (besonders wichtig bei älteren Schülern); ebenso wichtig ist ein *Gesprächsangebot* in „geschütztem" Raum (Schweigepflicht!), wo alle Gefühle ausgesprochen, gelebt werden dürfen, (Weinen, Wut, Angst, Schuld, Verzweiflung, schlechtes Gewissen, wenn man dem Verstorbenen ablehnend gegenüberstand). Schaffen Sie auch Möglichkeiten zum persönlichen Gespräch – bieten Sie sich als Kommunikationspartner an oder stellen Sie welche.

6.5. Möglichkeiten, den Abschied zu gestalten

Wichtig sind Angebote zur kreativen Verarbeitung des Ereignisses; in der Auseinandersetzung wird es möglich werden, das dem Anlass und der Gruppe passende Ritual zu finden. Hier seien einige Ideen und Impulse genannt, die in der besonders betroffenen Gruppe oder Klasse zum Einsatz kommen können. Möglichkeiten wären:

- den Platz des Verstorbenen in der Klasse/im Lehrerzimmer gestalten (eventuell auch mit einem Lieblingsgegenstand des Verstorbenen)
- den Platz des Verstorbenen in der nächsten Zeit nicht neu besetzen, um so die Wertschätzung des Verstorbenen auszudrücken
- Bilder zu bestimmten Fragestellungen/Themen malen (den Namen des Toten schön gestalten, eine Erinnerung an den Verstorbenen malen, ein Bild mit dem Titel: „So stelle ich mir ein Leben *danach* vor")
- Steine gestalten, bemalen
- „Hoffnungsträger" gestalten, z.B. Muscheln sammeln, eine Brücke bauen, Pflanzen säen, Schmetterlinge basteln

- einen Abschiedsbrief, eine Bitte oder Wünsche für den Verstorbenen schreiben, eventuell später an Gasballons hängen und steigen lassen
- Erinnerungen an den Verstorbenen aufschreiben
- einen Brief an die Angehörigen schreiben
- gemeinsam Trostlieder singen
- eine gemeinsame Wanderung unternehmen
- sich zu Musik bewegen
- ein Gebetsritual entwickeln; dabei auf alle in der Klasse/Stufe vertretenen Religionen achten
- eine Erinnerungswand in der Klasse aufstellen, die jeder persönlich in den nächsten Wochen ergänzen kann

Spirituelle Impulse für die kreative Verarbeitung ergeben sich am ehesten aus Texten und Liedern, die Sie bereitstellen, aus Meditationen oder Stilleübungen. Hier kommt es auf Sie an, auf das Material, das Sie zur Hand haben und anbieten können (siehe: 11. Verfügbare Materialien)

Aber auch über die eigene Gruppe/Klasse hinaus sollte die Schule Symbole und Rituale der Trauer bereithalten und der Trauer ihrer Schüler und Kollegen einen hilfreichen Rahmen bieten. Dazu wiederum eine Auswahl von Vorschlägen. Man kann

- an einem Ort der Schule, der für alle zugänglich ist, einen Trauertisch aufstellen, der gestaltet und verändert werden kann (Foto, Texte, Lieblingsgegenstand des Verstorbenen u.Ä.)
- Kerzen anzünden, Blumen aufstellen
- ein Trauerbuch auslegen (das von jedem persönlich ergänzt und gefüllt werden kann)
- eine Gedenkminute halten
- ein gemeinsames Trauersymbol für die Schule finden, z.B. Blumen säen, einen Regenbogen gestalten, einen riesigen Schmetterling …

Hinsichtlich der Teilnahme und Mitgestaltung der Abschiedsfeier/Trauerfeier/Beerdigung ist Verschiedenes zu bedenken. So sollte vorbesprochen sein, wer teilnimmt; die Angehörigen werden hier eigene Wünsche haben und diese sind zu respektieren. Die Teilnahme ist selbstverständlich freiwillig und darf je nach eigner Verfassung auch kurzfristig entschieden werden. Bei jüngeren Kindern ist darauf zu achten, dass jedes Kind von einer Bezugsperson begleitet wird.

Zur *Vorbereitung auf die Beerdigung* oder Trauerfeier sind oft Verständnisfragen zu klären. Religiöse Sitten und Gebräuche sollten vorgestellt werden. Es lohnt darüber nachzudenken, ob symbolische Gaben besorgt oder Zeichen gestaltet werden, die am oder im Sarg/Grab niedergelegt werden können. Sichtbare Zeichen unterstützen oft die Angehörigen und lassen für sie erkennbar werden, dass der Verstorbene in der Gemeinschaft seinen Platz hatte und behält.

Vielleicht muss der Transfer zur Abschiedsfeier organisiert und müssen versicherungstechnische Fragen geklärt werden.

Oft können wir besondere Wünsche der Angehörigen erfüllen; so z.B. Gasluftballons steigen lassen, die Musikgestaltung übernehmen, Fürbitten erstellen, Lesungen halten, für Essen und Getränke sorgen, Spendenaktionen unterstützen, Erinnerungssymbole der Gemeinschaft für das Grab herstellen o.Ä. Auch hier sind Vorbereitungen und Absprachen nötig.

6.6. Elternabend

Auch die Eltern der betroffenen Schüler trauern oft mit, haben Sorgen und Ängste, haben Fragen zum Ereignis selbst, zum Ablauf der Trauerverarbeitung an der Schule oder zum eigenen Kind. Die Eltern sind wesentlicher Teil der Sozialstruktur, in der die Schulkinder leben. Deshalb ist es wichtig, sie einzubinden. Ein stabiles und offenes Umfeld erleichtert es den Kindern, ihre Trauer zu verarbeiten.

Stärken Sie also die Kinder und zugleich die Schulgemeinschaft, indem Sie die Eltern aktiv einbeziehen. Elternabende bieten hier die beste Möglichkeit, um …

- Transparenz zu schaffen
- Informationen auszutauschen
- Verständnis untereinander zu fördern
- auf Hilfsangebote hinzuweisen

6.7. Orte und Zeiten der Erinnerung ermöglichen, Rituale finden

Orte und Zeiten der *Erinnerung* sollen Kindern und Angehörigen zeigen, dass ein Mensch nicht einfach vergessen wird, wenn er gestorben ist. Sie finden hier Vorschläge für die Zeit nach dem akuten Trauerereignis. Man kann...

- eine Gedenkfeier an der Schule anbieten (besonders hilfreich, um Abschied zu nehmen, wenn es nicht möglich war, die Beerdigung oder Trauerfeier zu besuchen)
- das Grab besuchen
- Erinnerungen sammeln
- den Todestag begehen
- an den Geburtstag erinnern
- Symbole am Grab oder Unfallort (nur in Absprache mit den Angehörigen) aufstellen
- eine Erinnerungstafel aller Verstorbenen der Schule an oder in der Schule anbringen
- ein Gedenken der Verstorbenen in Schulgottesdiensten, Schulabschlussfeiern oder Schulfeste integrieren
- in der Schülerzeitung an die Verstorbenen erinnern
- die Eltern des verstorbenen Schülers zu besonderen Klassenfeiern/Schulfeiern einladen

7. Beispiele möglicher Trauersituationen an der Schule

Auch in den hier geschilderten Fällen ist immer zu beachten, dass jeder Todesfall, jede Situation und jeder verstorbene Mensch einzigartig ist, für sich genommen und in seinen Beziehungen zu seinen Mitmenschen. Damit erfordert jeder einzelne Fall eine ihm entsprechende Handlungsstrategie.

Stirbt ein Kind, ist die Betroffenheit oft besonders groß, denn der Tod eines Kindes widerspricht unserer natürlichen Auffassung vom Tod und unserer Vorstellung der Generationsabfolge des Sterbens. Kinder symbolisieren unsere Zukunft und damit verbundene Hoffnungen und Träume. Kinder haben ihr Leben „noch vor sich“ und haben ein Recht darauf, es zu verwirklichen. Den Tod eines Kindes ertragen wir deshalb besonders schwer.

7.1. Tod eines Schülers oder Lehrers durch Unfall

Tod durch einen Unfall tritt plötzlich und unverhofft auf, die zurückbleibenden Menschen sind auf dieses Ereignis völlig unvorbereitet.

Die Trauer nach einem Unfalltod ist schwer zu verarbeiten und die Erkenntnis, dass jeder Tag der letzte auch des eigenen Lebens sein kann, steht aus aktuellem Anlass überdeutlich vor Augen. Die Konfrontation mit der Endlichkeit lässt existenzielle Ängste aufbrechen. Ein gemeinsamer Lebensabschnitt ist abrupt beendet worden.

Wenn ein Schüler oder Lehrer bei einem Unfall ums Leben gekommen ist, hängt viel davon ab, wie wir den Schülern nach dem Ereignis begegnen bzw. wie wir sie informieren.

Hier ist ein schnelles, ruhiges und sicheres Handeln erforderlich. Eine sachliche Darstellung des Ereignisses ohne Umschreibungen ist für alle hilfreich. So vermeidet man die Entstehung belastender Phantasien oder die Verbreitung von Gerüchten.

Besonders thematisiert und bearbeitet werden sollte der Tod in der Klasse des verstorbenen Mitschülers oder des verstorbenen Klassenlehrers.

7.2. Tod eines Schülers oder Lehrers durch Krankheit

Der Tod durch eine schwere Krankheit ist meist schon frühzeitig voraussehbar. Der Prozess der Trauer und des Abschiednehmens setzt dann oft schon mit der Feststellung der Krankheit und der Behandlung ein. Der Schüler oder Lehrer fehlt eventuell immer öfter in der Schule und vielleicht findet auch äußerlich eine körperliche Veränderung statt.

Die bewusste Beschäftigung der Schüler und Lehrer mit dem bevorstehenden Tod eines Menschen aus ihrem Lebensumfeld bildet das emotionale Verantwortungsbewusstsein für die Mitmenschen aus. Kinder und Jugendliche können lernen, ihren Gefühlen Ausdruck zu verleihen, Lebensperspektiven und gemeinsame Wege zu entwickeln. Zu erkennen, dass auch in Krisen tragfähige Beziehungen möglich sind, stärkt beide Seiten.

Für die lebensbedrohlich erkrankte Person und deren Angehörige ist eine würdevolle Begleitung durch die Krankheit und eine zugewandte Verabschiedung aus dem Lebensraum Schule entlastend.

Den Erkrankten in seiner Situation zu ignorieren wirkt dagegen verletzend und verstärkt die Gefühle der Einsamkeit und Verzweiflung bei ihm und seiner Familie.

Zu wissen, dass er nach seinem Tod nicht vergessen sein wird, sondern dass es Orte und Zeiten der Erinnerung an der Schule geben wird, kann das Leiden des Erkrankten und die Trauer seiner Angehörigen erleichtern.

7.3. Tod eines Schülers oder Lehrers nach Suizid

Nicht so selten, wie man vielleicht glaubt, ist der Suizid. Alle vierzig Minuten nimmt sich in Deutschland ein Mensch das Leben, alle fünf Minuten versucht es jemand. Mir persönlich sind mehrere Fälle bekannt, in denen Schüler, aber auch Lehrpersonen, Elternteile oder Großeltern von Schülern Suizid begangen haben.

Suizid hinterlässt Hinterbliebene oft ratlos, schuldbewusst oder auch wütend. Für den Trauerprozess ist es wesentlich, dass auch negativ besetzte Gedanken und Gefühle Platz finden und ausgesprochen werden dürfen. Nur so wird eine Auseinandersetzung damit möglich.

Nicht auszuschließen bei dem Suizid eines Schülers ist die Nachahmung durch andere Schüler; deshalb ist es besonders wichtig, dieses Thema nicht totzuschweigen, sondern mit den Schülern klar darüber zu sprechen. Die Ursache für einen Suizid liegt häufig in einer psychischen Erkrankung. Ungünstige Lebensumstände können dann schnell der Auslöser für die Selbsttötung sein. In vielen Fällen kann professionelle Hilfe für die Trauernden ratsam sein.

7.4. Tod eines Angehörigen

Oftmals viel zu wenig beachtet und bedacht wird der Tod eines Angehörigen eines Schülers oder Lehrers, z.B. der Tod eines Elternteils, eines Geschwisters, auch ungeborenen Geschwisters, von Großeltern oder auch bei Lehrpersonal der Tod eines Partners oder der Tod eines Kindes, oder ungeborenen Kindes. Der Betroffene bringt seine Trauer und Verzweiflung, seine eventuell grundlegend veränderten Lebensumstände mit in die Schule.

Die Betroffenen, die einen für sie wichtigen Menschen verloren haben, sollten auch in der Schule sensible Unterstützung, Verständnis und Begleitung erfahren.

Besonders benachteiligt sind Geschwisterkinder, da sie einen doppelten Verlust erleben. Sie verlieren nicht nur Bruder oder Schwester, sondern auch ihr vertrautes Miteinander mit den

Eltern. Denn dieses kann sich in der Trauersituation fundamental ändern. Oft fühlen sich Geschwisterkinder einsam, unbedeutend und sogar überflüssig. Diese Kinder müssen besonders sensibel wahrgenommen werden.

Zusammen – in Klasse, Stufe oder Kollegium – sollte überlegt werden, wie der Mitschüler oder Lehrer am ersten Tag in der Schule nach dem Trauerereignis angesprochen und wie er unterstützt werden kann. Es hilft, darüber nachzudenken, wie sich der Betroffene wohl fühlen mag. Die Umstände, unter denen der Angehörige gestorben ist, sollten in die Überlegungen einbezogen werden.

Es kann für den Trauernden bereits entlastend sein, ihn wissen zu lassen, dass man um den Todesfall weiß und dass man anerkennt, dass er trotz allem zur Schule gekommen ist.

Wenn der Betroffene weiß, dass er nicht so funktionieren muss wie sonst, dass er sich Auszeiten nehmen darf für die Hausaufgaben oder im Unterricht, dass er ansonsten aber „ganz normal“ behandelt wird, kann ihm das helfen.

Für einen Kollegen, der einen Menschen aus seinem Lebensumfeld verloren hat, kann auch die praktische Unterstützung für den Unterricht oder in der Unterrichtsvorbereitung entlastend wirken. Die Schülerinnen und Schüler können am ehesten durch ein sensibles Verhalten unterstützen.

7.5. Tod im Zusammenhang mit Verbrechen und Katastrophen

Zur Bewältigung der Trauer bei Verbrechen wie Mord, Totschlag, Amokläufen, Bombendrohungen und Katastrophen sind Experten gefragt, die begleiten und unterstützen. Solche traumatischen Erlebnisse können zu dauerhaften post-traumatischen Störungen führen.

Deshalb sollte die Schule hier auf jeden Fall schnell auf professionelle Hilfe erfahrener Krisenteams und Psychologen zurückgreifen.

8. Erfahrungen im Umgang mit Trauer an der Schule

Am Beispiel des Unfallstodes eines Erstklässlers

Im gemeinsamen Familienurlaub lief der Erstklässler J. vor ein Auto. Einen Tag danach starb er. Die Ferien waren drei Tage später zu Ende. Sein Bruder A. besuchte die 4. Klasse derselben Schule.

8.1. Information und Absprache

Mit der Klassenlehrerin, der Direktorin und der Klassenlehrerin des Geschwisterkindes

Es wurde beschlossen, dass die betreffende Lehrerin der 4. Klasse ihre Schüler und ich die 1. Klasse betreuen würde. Ich würde auch die Familie des Verstorbenen besuchen und mich um die Todesanzeige sowie die Trauerfeier kümmern.

8.2. Besuch bei der betroffenen Familie

Woraus sich die nachfolgenden Vorgehensweisen entwickelten

Als mich auf den Weg zu Familie Sch. machte, hatte ich Angst vor der Begegnung. Gut kannte ich die Familie nicht und ich war nicht sicher, ob ich in dieser Situation die richtigen Worte und Gesten finden würde. Ich hatte überlegt, etwas Praktisches mitzunehmen, eine Kerze und einen Kartoffelsalat, da die Familie gerade aus dem Urlaub zurückgekehrt war. Ich konnte mir vorstellen, dass in einer solchen Situation die Gedanken an das Essen zuletzt kommen würden. Mein Angebot wurde gern angenommen.

Der Besuch bei Familie Sch. dauerte circa drei Stunden. Die Familie schilderte mir abwechselnd immer wieder den Unfall, die Zeit im Krankenhaus und das Sterben des Kindes.

Sie waren dankbar dafür, dass man sie nicht allein ließ in ihrer Situation und banden mich in ihre Überlegungen zur Gestaltung der Trauerfeier ein. Zwischendurch gab es immer wieder Entsetzen, Weinen, Schreien, aber auch schöne Erinnerungen.

Auch ich weinte, erinnerte mich, lachte und trauerte mit der Familie.

Ich habe vieles erfahren, was ich auch später an die Kinder und Eltern der Klasse weitergeben durfte, zum Beispiel Einzelheiten zum Unfallhergang. Wir sprachen über das Wie und Warum der geplanten Verbrennung, über die Form der Urne und den Verbleib des Kuscheltiers und davon, dass die Urne im Grab des Opas beigesetzt werden würde.

Diese Informationen waren sehr wertvoll und hilfreich für die Kinder, um das Ereignis zu verstehen, zu begreifen und später für sich einzuordnen.

Die Eltern wünschten sich eine aktive Beteiligung an der Trauerfeier. Gern nahmen sie Unterstützung bei der Durchführung der Feier und andere Entlastungen an. Wir vereinbarten verschiedene Punkte, um die wir uns als Eltern der Klasse kümmern würden.

8.3. Konzept für zwei Unterrichtstage

Tag 1

Die Klasse empfängt am ersten Tag nach den Ferien ein *Stuhlkreis mit Gestaltung der Mitte*; auf einem Tuch sind arrangiert: eine Kerze im Glas, Blüten, ein Schmetterling, ein Foto von J., J.'s Lieblingsbuch „Jona und der Wal", J.'s Feuerwehrauto, Papiertaschentücher

Einstimmung und Begrüßung
„Viele von euch kennen mich ja schon, ich bin die Mama von R. und heiße Stephanie. Zuerst würde ich gerne mit euch zusammen ein Lied singen …"

Lied von CD und zum Mitsingen

„Der Mond ist aufgegangen“ (Kommt und singt, Lied 14, Liederbuch, Herausgeber: Erzbischöfliches Generalvikariat Köln, Hauptabteilung Seelsorge)

Überleitung

„Heute ist der Tag anders als die Schultage, die ihr kennt, nicht nur weil die Ferien zu Ende sind und ich heute den Tag ausnahmsweise mit euch verbringen werde.
Heute ist es besonders wichtig, dass wir einander zuhören, damit wir viel von dem verstehen, was wir uns sagen wollen. Wir wollen heute ganz besonders sorgsam miteinander umgehen ...“

Informationen

Ich erkläre, dass J. einen Unfall hatte und an den Folgen gestorben ist; beschreibe den Unfall: Urlaub, Freund, Ball, Hubschrauber…

„J.'s Eltern haben mir viel erzählt über den Unfall und sind einverstanden damit, dass ich euch über den Unfall erzähle und darüber, was jetzt weiter mit J. passieren wird ...“

Klären des Umgangs miteinander

Ein Kuscheltier wird im Kreis gereicht; wer nicht sprechen möchte gibt das Kuscheltier an den Nachbarn weiter.

- „Vielleicht habt ihr Gefühle, die ihr kennt, vielleicht aber auch welche, die ihr jetzt erst kennenlernt …“
- „Vielleicht fühlt sich jeder von euch ganz anders; wichtig ist, dass wir jeden so sein lassen, wie er möchte … – dass wir niemanden auslachen und keine verletzende Bemerkungen machen …“
- „Wer weinen möchte, darf das tun, dafür liegen auch Taschentücher in der Mitte …“
- „Ich bin auch sehr traurig darüber, dass J. gestorben ist …“

- „Wir können uns gegenseitig helfen, uns trösten, wir sind nicht allein …“
- „Wer etwas wissen möchte, darf seine Fragen stellen …“

Fragen an die Kinder

- „Wie fühlst du dich, was sind deine Gedanken?“
- „Was hast du gehört, was passiert ist, wie ging es dir dabei?“
- „Hast du schon mal etwas erlebt, was dich traurig gemacht hat?“
- „Hast du schon mal etwas verloren und warst traurig darüber?“

Geschichte vom Schmetterling vorlesen/besprechen **(M1)**

Fortführung des Gesprächs

- „Was glaubt ihr, wo J. jetzt ist?“ Ich vermittle Hoffnung: Das Leben geht in anderer Form weiter und dort sind wir nicht allein, Gott ist bei uns!
- „Woran erinnert ihr euch, wenn ihr an J. denkt?“ Wir erzählen uns unsere Erlebnisse mit J., schöne, vielleicht auch nicht so schöne.
- Wie ist das, wenn der Platz an seinem Tisch leer bleibt?
- Was können wir jetzt tun? Wie können wir Trost finden? Wie können wir andere trösten?

Aktion

Ich zünde die Kerze an; rege an, den Platz von J. zu schmücken. Eine Erinnerungswand wird aufgebaut werden.

Wir beten (zum Beispiel **M3**); singen.

Wir basteln und gestalten Schmetterlinge (**M2**)

„Wir werden für J. einen Schmetterling fliegen lassen, um uns zu verabschieden. … Wir können dem Schmetterling etwas für J. mitgeben, zum Beispiel:

- Was ich noch sagen wollte…
- Was ich gern noch mit J. gemacht hätte….
- Einen Wunsch für J., einen Wunsch für uns…

oder wir schreiben darauf, was wir J. noch sagen möchten oder was wir gern noch gewusst hätten …“

„Das, was ihr auf den Schmetterling für J. schreibt, wird sonst niemand lesen, es ist für euch und J. bestimmt ...“

Wir bearbeiten gemeinsam, aber jeder für sich einen eigenen Schmetterling. Die Schmetterlinge werden wir nach der Trauerfeier an Gasluftballons hängen und für J. fliegen lassen.

Untermalung Musik

Sternennacht-Debussy, Faure, Stamm

Einmal leben, Rolf Zuckowski

Wir sprechen über die Trauerfeier

Wir klären Trauerrituale. Was gehört zu einer Trauerfeier? Wie verhält man sich? Was zieht man da an?

Wir klären Beerdingungsrituale: Feuerbestattung, Erdbestattung, Urne …

Raum für Wissensaustausch und Fragen

- „Die Kinder, die zu der Feier kommen möchten, werden morgen von J. in der Kirche Abschied nehmen …“
- „J. wird in einem kleinen Sarg liegen, den seine Eltern und sein Bruder A. bemalt haben …“
- „Wir werden J. nicht sehen, nur den Sarg …“
- „Nach ein paar Wochen wird J. zusammen mit seinem Lieblingskuscheltier, seinem Hasen, verbrannt werden und die Asche, die dann zurückbleibt, kommt in eine blaue Urne mit gelben Sternen und einem gelben Mond. Diese Urne wird zu J.’s verstorbenem Opa ins Grab gelegt …“

- „Kinder, die morgen nicht kommen möchten oder können, können uns ihren Schmetterling mitgeben …“
- „Es ist ganz in Ordnung, wenn du nicht kommen möchtest, oder dich heute so fühlst, dass du nicht kommen willst; du hast deinen eigenen Weg, deine Entscheidung und die ist gut und richtig für dich …“
- „Und es ist auch gut, wenn du deine Entscheidung noch einmal kurz vorher ändern möchtest …“

Fragen klären zur Feier

„Es werden viele Menschen da sein, viele werden weinen … Wenn wir etwas verloren haben, haben wir vielleicht auch schon mal geweint … Wenn uns etwas weh tut, weinen wir auch … So geht es auch erwachsenen Menschen, auch Männern. Auch Männer werden morgen weinen …“

„Wir können ein Gebet für J. sprechen, für seinen Bruder für die Eltern und für uns selbst …“

„Die Kinder, die möchten, können sich dabei an den Händen halten …“

„Im Anschluss könnt ihr auch eigene Bitten hinzufügen …“

Was geben wir J. mit auf den Weg

- ein Herz aus Terrakotta, auf dem die ganze Klasse mit Namen unterschreibt
- Schmetterlinge aus Kunststoff **(M4)**, die wir für J. brennen; die werden wir an einen Buchsbaum hängen, der dann später auf seinem Grab stehen wird
- unsere Papierschmetterlinge, die wir heute bemalt und beschriftet haben; die werden wir an Luftballons hängen und nach der Trauerfeier auf dem Parkplatz steigen lassen

Wir haben eine Erinnerungstafel in der Klasse; jeder kann, wann und was er möchte, für J. dranhängen, hinschreiben … – vielleicht auch erst in ein paar Wochen, vielleicht auch gar nicht, so wie es jeder ganz für sich fühlt …

Abschluss

„Das war ein anstrengender Tag für uns alle, aber ich bin froh, dass wir zusammen gesprochen, geweint, gebastelt, gesungen und gelacht haben …“

„Ich freue mich, euch morgen wieder zu sehen …“

„Zum Abschluss könnten wir zusammen singen ...“

Abschlusslied

„Der Himmel geht über allen auf“ (Kommt und singt, Lied 29, Liederbuch, Herausgeber: Erzbischöfliches Generalvikariat Köln, Hauptabteilung Seelsorge)

Das Lieblingslied der Klasse ist das „Lied von den Monaten“: Januar, Februar, März, April, die Jahresuhr steht niemals still…

Ankündigung

„Morgen bemalen wir die Kunststoffschmetterlinge und knüpfen die Bänder daran …“

„Wir werden noch Zeit haben zum Erzählen, Fragen, Malen, Musik hören …

„Wir können zur Trauerfeier gehen, wenn wir möchten …“

„Ganz wichtig: Bitte nicht vergessen, den Elternbrief (**M5**) bei euren Eltern abzugeben …“

Tag 2

Die Mitte ist gestaltet wie am Tag zuvor. Wir singen „Das Lied von den Monaten“.

Morgenkreis mit Kuscheltier

Das Gespräch entfaltet sich aus folgenden Impulsen:

- Wie geht es mir heute?
- Wie war der Tag gestern für mich?
- Was möchte ich noch wissen, fragen, sagen,…
- Gibt es noch etwas für die Trauerfeier heute Nachmittag, was für mich wichtig ist…?

Aktion

Wir bemalen die Kunststoffschmetterlinge **(M4)**, knüpfen Bänder daran und hängen diese gemeinsam an unser Buchsbäumchen.

Wir verzieren den Topf und die Erde mit Schmetterlingen.

Freie Zeit

Wir nehmen uns bewusst Zeit, um still zu gestalten und zu schreiben – für die Erinnerungswand, Erinnerungsbuch oder nur so. Die musikalische Untermalung kann genauso sein wie am Tag zuvor.

Abschluss

Wir singen zum Abschluss noch einmal gemeinsam das Lieblingslied der Kinder.

8.4. Reaktionen und Erfahrungen

Die beiden vorgestellten Tage waren für uns alle sehr intensiv, eine Begegnung außerhalb des Alltags, angesichts des Todes und gerade darum mitten im Leben.

Ich dokumentiere zunächst Reaktionen der Kinder (vgl. hierzu **M9**), bevor ich meine eigenen Erfahrungen schildern möchte.

Eine Auswahl von Äußerungen von Kindern der Klasse 1a lässt ahnen, was sie beschäftigt und welche Wege sie suchen, um Trost zu finden und eigene Sichtweisen vom Tod zu entwickeln. Da sind zunächst Wortbeispiele – in Originalschreibweise –, die sich auf den Schmetterlingen der Kinder fanden:

- Deine Zeit ist gekommen und du bleibst für immer mein erstbester Freund (L.)
- Lieber J., ich hoffe dier ged es gut (S.)
- Ich fände dich sehr nett (L.)
- Auf Widerseeen (M.)
- J. ich möchte dich noch einmal seen (R.)
- Wo wir gemeinsam was tun, gibt es nicht mehr. (T.)
- Lieber A. tut mir leid, dass dein Bruder gestorben ist, das tut sicher weh, ich wünsche dir gute Besserung! (E.)
- Ich habe einen guten Freund verloren. (R.)
- Wir waren doch verabredet J. (L.)
- Hier wird jetzt alles anders als früher. (P.)
- Unsere Klasse wird nie mehr wie früher sein. (R.)

Besonders aufschlussreich für die Art, wie Kinder sich den Tod erklären und trauern, sind für mich Äußerungen von A., J.'s älterem Bruder:

- „Ich glaube J. ist gestorben, damit du wieder mehr Zeit für mich hast Papa!"
- „R., dann musst du jetzt mein Bruder sein."

Schließlich habe ich die Fragen gesammelt, die die Kinder der ersten Klasse nach der Todesnachricht und im Lauf der beiden Trauer-Tage stellten. Hier dokumentiere ich eine Auswahl:

- Wenn wir uns schon nicht mehr verabreden können, dann will mich wenigstens auf der Beerdigung verabschieden können!
- Wie sieht die Asche aus, wenn man verbrannt wurde?
- Wird auch das Kuscheltier verbrannt?
- Wie sieht der Sarg denn innen aus?
- Warum brauchen die einen Sarg, wenn er doch verbrannt wird?
- Was ist eine Urne?
- Männer weinen aber nicht, auch nicht wenn einer gestorben ist!
- Warum kann der J. nicht auferstehen?
- Unsere Klasse wird nie wieder, wie sie war, das finde ich total blöd.
- Die Eltern haben etwas im Hals und dann atmen sie schwer und denken sie müssen ersticken, so weh tut das.
- Kommt der J. auch echt nie mehr wieder?
- War der J. allein, als er sterben musste?
- Wir haben für unser Haustier ein Grab gemacht, mit vielen schönen Blumen und einem Kreuz, es ist gut dahin zu gehen, wenn man traurig ist.
- Der Autofahrer war ein Arschloch.
- Der J. war doch noch so jung, das ist so ungerecht!
- Der J. hat noch gelebt nach dem Unfall, bis zum nächsten Tag, da hat er in der Nacht sicher nicht geschlafen, weil er solche Schmerzen hatte.
- Dem A. (Bruder) ist es bestimmt langweilig ohne den J.

– Ich werde als Beruf Architekt und entwerfe ein tolles Grab, dann hole ich mir den J. und tue ihn da hinein, und wenn ich tot bin, komme ich neben ihn, dann haben wir ein echtes Freundesgrab.
– Gut, dass der J. nicht allein im Grab ist, sein Opa ist ja auch schon da.
– Meine Mama hat auch ein Baby verloren, als ich noch klein war, und sie ist jetzt noch immer darüber traurig.
– Meiner Mama ist das Baby im Bauch gestorben, aber wir haben es im Garten begraben.
– Mein Opa ist auch gestorben, aber der war alt und krank.

Die Reaktionen der Kinder auf die Mitteilung des Todes ihres Klassenkameraden waren sehr unterschiedlich. Einige Kinder weinten sehr, andere waren still berührt, wieder andere waren mehr am Unfallhergang interessiert und fanden den Vorfall eher spannend.

Es erstaunte und berührte mich, wie behutsam die Kinder miteinander umgingen, wie viele Ideen und Möglichkeiten sie fanden, mit ihrer Trauer umzugehen, und mit welchen Gedanken und Fragen sie sich beschäftigten. Sie versuchten sich gegenseitig zu trösten und vertrauten sich ihre eigenen intimen Verlusterlebnisse an. Zur Sprache kamen: Scheidung, Ortswechsel, Tod von Großeltern, Geschwistertod, Tod eines Elternteils, Tod eines Haustiers. Auch die Gefühle, die mit diesen Erlebnissen in Zusammenhang standen, wurden intensiv mitgeteilt und ausgetauscht.

Manche Kinder suchten körperlichen Kontakt (1. Klasse), setzten sich auf meinen Schoß oder hielten meine Hand. Die Taschentücher aus der Mitte wurden genutzt. Die Geste, als ein Kind einem anderen weinenden Kind ein Taschentuch aus der Mitte holte und ihm dieses liebevoll, aber wortlos überreichte, hat mich besonders beeindruckt.

Unsere anfängliche Vereinbarung, dass jeder seine eigene Art habe, die Nachricht zu verarbeiten, und wir uns gegenseitig darin respektieren wollten, dass niemand ausgelacht werden sollte und wir einander zuhören würden, wurde von allen respektiert.

Die Geschichte von der Wandlung der Raupe in einen Schmetterling gab uns die Möglichkeit, über den Tod allgemein und das „Danach“ ins Gespräch zu kommen. Wichtig dabei war für die Kinder, dass die Geschichte Hoffung vermittelte und der Tod als eine andere Seinsform verstanden werden konnte.

Bedeutsam für die Kinder war auch, dass sie bewusst Abschied nehmen konnten und den Abschied mitgestalten durften. Auch ein Jahr später bestätigten viele Eltern dies als positive Erfahrung, die in der Zwischenzeit auch auf andere Verlusterlebnisse der Kinder Einfluss genommen habe.

Einige Kinder nahmen die Angebote des Tages mehrfach an. Auch die Erinnerungswand wurde intensiv immer wieder zu verschiedenen Zeiten über Monate hinweg von unterschiedlichen Kindern genutzt.

8.5. Überlegungen, Vorbereitungen und Ablaufplan zur Trauerfeier

Die Eltern wünschten sich Luftballons, die nach der Trauerfeier von den Kindern auf dem Parkplatz vor der Kirche für J. steigen sollten. Außerdem sollte Lieblingsmusik von J. und der Familie in der Kirche und auf dem Parkplatz gespielt werden. An alle Kinder sollten Fladenbrot und Apfelsaft verteilt werden.

Da wir mit ungefähr 100 Kindern rechneten, war die Überlegung, die Luftballons vorab mit Gas zu füllen und sie nach der Trauerfeier direkt an die Kinder zu verteilen, um sie dann gemeinsam starten zu lassen. Das würde eine unruhige und hektische Atmosphäre vermeiden.

Am Morgen der Trauerfeier wurde daher ein Pferdeanhänger, den wir mit unseren aufgeblasenen Ballons füllten, auf dem Parkplatz abgestellt. Zum Aufblasen der Ballons hatte ich fünf Personen eingeteilt. Das notwendige Material war vorab besorgt worden.

Kurz vor der Trauerfeier bauten wir drei Biertische mit Tischdecken in den Lieblingsfarben von J. auf dem Parkplatz auf. Die Dekoration bestand aus Schmetterlingen.

- Einer der Tische war für Brot und Apfelsaft gedacht. Becher, Mülleimer, Getränke und Brot in Körben wurde bereitgestellt.
- Ein zweiter Tisch war für die Ausgabe der Abschiedsschmetterlinge, die in der Schule und im Kindergarten gestaltet wurden, vorgesehen. Dort konnten auch andere Kinder noch Schmetterlinge für J. bemalen und beschriften. Stifte, Schere und Schmetterlingsvordrucke lagen hierzu bereit. Jedes Kind konnte seinen eigenen Schmetterling an einen Luftballon hängen.
- Der dritte Tisch war für die Musikanlage reserviert.

Neben dem Sarg stand ein Buchsbaum. Dieser wurde mit den Kunststoff-Schmetterlingen geschmückt, die die Kinder vorbereitet hatten (**M4**). Der Baum sollte auch später am Grab einen Platz finden.

Zwei Jahre stand der Baum mit den Schmetterlingen am Grab. Dann wurde der Topf zu klein und die Familie zog in ein neues Haus. Die Familie pflanzte den Buchsbaum mit den Schmetterlingen und einem Namensschild des toten Kindes vor das neue Haus. So hat das verstorbene Kind auch dort einen neuen Platz gefunden.

Wir besorgten ein Terrakottaherz, auf dem alle Kinder unterschreiben konnten und das ebenfalls neben dem Sarg liegen sollte.

Der Ablaufplan (**M6**) diente dazu, den Ablauf der Luftballonaktion möglichst ruhig und ohne Hektik zu gestalten. Da an so einem Tag alle aufgeregter und berührter sind als sonst, ist so ein Plan eine große Hilfe, zumal wenn viele Teilnehmer erwartet werden.

Für eine Übersicht dessen, was für die Trauerarbeit mit den Kindern bzw. dann die Trauerfeier zu besorgen war, beachten Sie **M7**.

8.6. Gestaltung und Aufgabe der Traueranzeige

Eine Traueranzeige der Schüler, Eltern, Lehrer und der Schule sollte es immer geben (**M8**); auch hierum muss sich jemand oder eine kleine Gruppe kümmern.

Wir standen vor der Herausforderung, unsere Anteilnahme zum Ausdruck zu bringen, ohne vereinnahmend zu sein. Wo eine Gesamtheit aus vielen verschiedenen Einzelpersönlichkeiten gemeinsam unterschreibt und wo viele verschiedene Beziehungskonstellationen unter einen Hut zu bringen sind, ist wenig oft mehr.

Zu christlich sollte die Symbolik nicht sein; andererseits wollten wir auf tröstliche Hoffnungszeichen nicht verzichten.

Schließlich entschlossen wir uns, unser Trauerkonzept, wie es in den zwei Schultagen und im Trauergottesdienst umgesetzt wurde, auch für die Anzeige nutzbar zu machen.

So kamen wir auf den Schmetterling und ebenso auf einen Trostspruch, der die Hoffnung auf Fortleben, Wiedersehen und bleibende Nähe ausdrückt, ohne dezidiert christliche Formulierungen zu verwenden: „Ich bin von euch gegangen, nur für einen Augenblick und gar nicht weit; wenn ihr dahinkommt, werdet ihr euch fragen, warum ihr geweint habt."

„Wir trauern um …" schien uns zu wenig; wir wollten unbedingt etwas Persönliches über J. aussagen. So entstand der Zusatz: „… war lebenslustig und fantasievoll. Wir hätten ihn so gern in unserer Mitte behalten."

Großen Wert legten wir darauf, unsere Anteilnahme gegenüber den Eltern und ausdrücklich auch gegenüber dem Bruder zu formulieren.

8.7. Elternabend

Der Elternabend war sehr gut besucht, teilweise kamen die Eltern auch als Paar.

Ich hatte einen Tisch zum Thema aufgebaut; auf einem Tuch waren ausgelegt: eine Auswahl von Büchern, Visitenkarten von Buchhandlungen, die Literatur zum Themenbereich führen, Notizzettel und Stifte, die Geschichte von der Raupe und vom Schmetterling zum Mitnehmen, die Trauerkarte der Klasse an die Familie zum Unterschreiben, ein Foto von J., Taschentücher, das Erinnerungsbuch der Klasse für die Familie Sch. (offen für persönliche Einträge), eine Kerze, das Buch „Jona und der Wal" und Schmetterlinge.

Der Elternabend sollte dazu dienen, den Eltern das, was wir mit den Kindern in der Schule besprochen und gestaltet hatten, transparent zu machen. Außerdem war mir der persönliche Kontakt mit der Möglichkeit eines Austausches wichtig. Da die Kinder sehr viel Persönliches aus der eigenen Familie im Zusammenhang mit Verlust erzählt hatten, war es mir ein Anliegen, den Eltern mitzuteilen, dass diese Äußerungen bei mir und im Klassenraum bleiben würden.

Viele Eltern zeigten an diesem Abend auch ihre eigene Betroffenheit, weinten, formulierten Ängste und Sorgen. Es wurden Informationen über die Erlebnisse und Reaktionen der Kinder im Zusammenhang mit dem Tod von J. ausgetauscht.

Wir sprachen über die Äußerungen und Fragen der Kinder zum Themenbereich Tod, Sterben und Trauer, die von uns Erwachsenen oft als erschreckend nüchtern wahrgenommen werden. Diese Art entspricht aber der Auseinandersetzung mit dem Themenbereich bei Kindern dieser Altersstufe.

Ein weiterer wichtiger Themenpunkt war die besondere Art und Weise, wie sich Trauer bei Kindern äußert. Kinder trauern anders als Erwachsene. So kam das Beispiel des angehörigen Geschwisterkindes, von dem einige Kinder und Eltern glaubten, er würde nicht trauern, da er auf dem Schulhof mitspielte, tobte und sogar lachte. Die Aufklärung darüber, dass Kinder mit Pausen trauern und auch trauerfreie Zonen benötigen, um sich seelisch und körperlich zu erholen, konnte dazu beitragen, dass man sich gegenseitig besser verstehen und tolerieren konnte.

Die Eltern erlebten es als Erleichterung, nicht allein mit den Kindern den Verlust verarbeiten zu müssen und Unsicherheiten im Umgang mit dem Erlebten besprechen zu können.

Meinem Vorschlag, das Grab von J. als einen Ort der Erinnerung gemeinsam mit den Kindern, die das wünschten, zu besuchen, wurde von den Eltern allgemein zugestimmt. Es wurde auch darum gebeten, die Gräber einer verstorbenen Mutter und eines Geschwisterkindes aus der Klasse zu besuchen.

8.8. Friedhofsbesuch

Auch auf den Friedhofsbesuch, den ich mit den Eltern abgesprochen hatte, mussten die Kinder entsprechend vorbereitet werden. Er fand eine Zeitlang nach der Trauerfeier statt, als die Urne schon beigesetzt war.

Wir trafen uns in der Klasse zu Stuhlkreis, Gespräch und Fragerunde und gingen dann gemeinsam auf den Friedhof. Den Ablauf der Vorbereitung im Gesprächskreis stelle ich exemplarisch vor.

Für die Mitte des Stuhlkreises hatte ich auf einem Tuch wiederum ein Foto von J., Schmetterlinge und Papiertaschentücher arrangiert; dazu Rosenblätter und eine Kerze. Ein Musikstück der CD Kinderhospiz sollte abgespielt werden: „Jenseits der Zeit“ (CD Kinderhospiz Balthasar: Lied „Jenseits der Zeit“. Das Kinderhospiz Balthasar, Leben, Lachen, Sterben, Trauern, Lieder von und mit: Jonathan Böttcher, Gerhard Schöne, Rolf Zuckowski, David Plüss, Bettina Kahl, Clemens Bittlinger, Helmut Jost. Zu bestellen bei: www.kinderhospiz-balthasar.de oder 02761/9265-44).

Einstimmung und Begrüßung

„Ich habe euch versprochen, wiederzukommen und mit euch J. auf dem Friedhof zu besuchen. Und das möchte ich heute auch gemeinsam mit den Kindern tun, die das möchten. Kinder, die nicht mitgehen möchten, können gern hier in der Klasse mit Frau R. bleiben …“

„Auch heute finde ich es ganz wichtig, dass wir behutsam miteinander umgehen und jeden, so wie er sich fühlt annehmen, das heißt, dass wir die Entscheidung der Kinder, die lieber hier bleiben möchten, achten, dass wir nicht darüber urteilen …“

Überleitung

„Ich möchte auch mit euch darüber sprechen, ob ihr noch an J. denkt, oder ob das nicht mehr wichtig für euch ist …“

- Wie und was fühlt ihr, wenn ihr an J. denkt? Wie geht es euch dabei?
- Ist es anders als vor ein paar Wochen?
- Was macht ihr, wenn die traurigen Momente kommen?

Gesprächsrunde

„Beim letzten Mal haben wir überlegt, was wir tun können …“

- Kerze anzünden, miteinander reden, weinen, singen, malen, laufen
- schreien, Kissen boxen, beten, den Friedhof besuchen …
- und wir können uns erinnern an J., wie er war, was wir mit ihm erlebt haben, was schön war, was lustig war …

„Die Erinnerung ist wie ein Schatz und kann uns froh machen, wenn wir an J. denken …“

Gebet

„Ich habe euch wieder ein kleines Gebet (**M10**) mitgebracht …“

„Lasst uns einen Moment Ruhe finden, um zu Gott zu beten …“

Information über den Ort „Friedhof“

„Bevor wir nun zum Friedhof gehen, möchte ich mit euch überlegen: Was ist ein Friedhof? Warum gibt es Friedhöfe? …“

„Der Friedhof ist …“

- ein Ort der Erinnerung
- ein Ort der Stille
- ein Ort der Besinnung
- ein Ort der Trauer

„Ist es wichtig, so einen Ort zu haben? Wer braucht so einen Ort?“

„Muss das immer ein Friedhof sein, kann das auch ein anderer Ort sein?“

„Wir kennen fast alle jemanden, den wir auf dem Friedhof besuchen: …“ (Oma, Opa, Tante, Onkel, Nachbarin, Nachbar, Mutter, Schwester)

„Auch in unserer Klasse gibt es Kinder, die nicht nur J. auf dem Friedhof besuchen, sondern auch andere Menschen, die wichtig für ihr Leben oder das Leben ihrer Eltern sind. Und es wird immer wieder geschehen, dass wir selbst auch jemanden, den wir gern hatten dort besuchen werden; das gehört einfach zu unserem Leben …“

„Es tut gut, einen Ort zu besuchen, an dem jeder traurig sein darf, ohne dass jemand komisch schaut. An anderen Orten, ist das manchmal schwerer, traurig sein zu dürfen und in der Traurigkeit angenommen zu werden von anderen Menschen.

„Es ist ja auch nicht so leicht, Traurigkeit auszuhalten. Das ist schwer: Wenn andere weinen, da zu bleiben, den Kummer zu ertragen …“

„Aber es hilft den Menschen, die in Trauer sind sehr – und das nicht nur, wenn jemand gestorben ist. Ihr kennt das bestimmt auch aus anderen Situationen im Leben: wenn ein Lieblingsspielzeug kaputt gegangen ist, wenn man etwas verloren hat, was man gern hatte, wenn man sich wehgetan hat …“

„Dann tut es einfach gut, wenn jemand da ist, der tröstet, der lieb ist zu uns, uns in den Arm nimmt, der uns zuhört …“

„Das sollten wir nie vergessen, wenn wir Menschen in Trauer erleben: Dass auch wir selbst manchmal Menschen sind, die trauern …“

Klärung des Verhaltens auf dem Friedhof

„Der Friedhof ist ein Ort der Erinnerung und Trauer, wir achten und respektieren diesen Ort und machen uns nicht lustig über die, die dort trauern; denn wenn wir selbst in Trauer sind, möchten auch wir in unserer Trauer geachtet werden …“

„Wir werden den schönen Buchsbaum, den wir mit unseren Schmetterlingen geschmückt haben, an J.s Grab finden und auch das Herz, auf dem ihr unterschrieben habt. Wir zünden gemeinsam ein Licht an für J. und jeder von euch kann, wenn er möchte ein Gänseblümchen bei J. ablegen.“

Wir singen das Lied von den Monaten.

8.9. Jahrgedächtnis – Todestag – Geburtstage

Als sehr positiv empfanden die angehörigen Eltern und besonders auch der Bruder die große Anteilnahme bei der Trauerfeier und beim Jahrgedächtnis, sowie die Symbole und Rituale der Erinnerung an J.

Am *Todestag* gestalteten die Kinder Sterne für J., sprachen über ihre Erinnerungen an J., über das, was ihnen von J. wichtig war und ist, und über das erste Jahr ohne J. Die Sterne überreichten wir in einem besonderen Kästchen mit einer Karte der Klasse der Familie Sch.

Zum *Jahrgedächtnis* wurden – auch auf Wunsch der Familie – alle Kinder und Eltern der Klasse noch einmal eingeladen. Nach dem Jahrgedächtnis gingen alle gemeinsam zum Grab, hielten dort inne; anschließend folgte am Grab ein gemeinsames sich Erinnern an J.

Gemäß einem Klassenbeschluss laden wir die Familie Sch. auch weiterhin zu unseren Ausflügen und Klassenfeiern ein. Wir lassen aber auch ausdrücklich die Möglichkeit offen, kurzfristig abzusagen, denn die seelische Verfassung Trauender kann von Tag zu Tag sehr verschieden sein. Meistens nimmt die Familie gern an unseren Treffen teil und freut sich über die Geste der Einladung.

Der Geburtstag von J. liegt in den Sommerferien, ist aber den Eltern der Klasse bekannt. Wir haben abgesprochen, dass jeder individuell darauf reagiert, und viele Familien setzen jedes Jahr Zeichen der Anteilnahme in verschiedenster Form.

Familie Sch. äußerte mehrfach, dass diese Anteilnahme ihnen gut tue. Dass der Verstorbene J. nicht vergessen wurde und einen Platz auch in der Schulgemeinschaft behält, zeigt der Familie, dass sie nicht allein ist.

9. Materialien und Beispiele: Trauern um J.

M1 Geschichte

Über das Vorher, das Nachher und das Jetzt
Dies ist die Geschichte eines Schmetterlings

„Wie lang ist das Leben und was kommt danach?“, fragte der Schmetterling Gott. „Was war davor? Warum weiß ich nichts davon?“

Viele schwere Fragen an einem schönen Frühlingstag. Fragen an Gott und es gab doch keine Antwort. Oder? Träumte der Schmetterling?

Etwas oder jemand ließ ihn spüren, dass er nicht länger allein war: „Du kannst dein ganzes Leben noch einmal erleben. Fliege ganz hoch, so hoch wie du kannst, und du wirst Augen haben, die alles sehen, Ohren, die alles hören, und eine Seele, die alles fühlt.“

Und der Schmetterling flog und flog. Er strengte sich an, höher und höher. Er gab seine ganze Kraft hin. Als er nicht mehr konnte, gab er auf und ließ sich fallen.

Aber er fiel nicht, er wurde gehalten, unsichtbar getragen. Er schwebte. Er spürte Licht um sich her, hörte unbekannte Töne und sah plötzlich ein Bild vor sich. Es platzte auf wie eine Seifenblase.

Er sah einen Schmetterling, der an einen Busch flog, seine Eier ablegte und verschwand. Die Sonne schien, der Regen fiel und aus einem Ei schlüpfte eine Raupe, ganz klein und fast unsichtbar – der Schmetterling spürte plötzlich in seiner Seele: Das bin ich. – Ich bin dieser kleine Wurm. – Er staunte. –

Die kleine Raupe kletterte los, fraß von den Blättern, versteckte sich vor den Vögeln und Insekten. Sie lebte gut. Kein Tag war wie der andere.

Manchmal hat sie Angst, gefressen zu werden, und versteckte sich. Mal sonnte sie sich übermütig. Sorgen kannte sie nicht und wuchs prächtig.

Sie wurde dicker, träger und langsamer. „Was soll aus der wohl mal werden?“, fragte sich der Schmetterling. „Und … wie bin ich so schön geworden?“

Die Raupe suchte sich einen schönen versteckten Platz. Sie streckte sich, hing an der Unterseite eines kleinen Zweiges und spann sich ein. Langsam, aber sicher war nicht mehr viel von ihr zu sehen.

„Stirbt die Raupe etwa?“, sorgte sich der Schmetterling. „Ja“, hörte er die Antwort, „sie stirbt und erwacht zu neuem Leben. Sie wechselt ihre äußere Hülle. Das Alte vergeht und das Neue wächst heran. – Schau!“

Und er sah hinein in die Hülle, die Puppe. Die Raupe war nicht mehr da. Er erschrak. – Feine Gliedmaßen entstanden, alles verwandelte sich. Ein Bild löste das andere ab. –

Der Schmetterling staunte. – Beinahe hätte er übersehen, wie die Puppe sich unten öffnete. Ein kleines Loch entstand. Eine neue Gestalt kletterte, nein, schob sich langsam heraus und saß im Licht. –

Die Sonne wärmte sie und sie atmete tief ein. Das neue Leben hatte begonnen. Die Gestalt breitete die zarten Flügel aus und erhob sich in die Luft. –

„Das bin doch ich“, dachte der Schmetterling. „Ich fliege dort.“ Er sah noch einmal sein Leben bis zu dem Flug, der ihn höher und höher trug.

„Ja, das bist du“, sagte Gott. „Du weißt nun, was vorher war und was nachher kommt. Sonst sieht jeder nur seinen Lebenszeitraum, seine Erfahrung. Er spürt nicht das neue Leben und auch nicht die Ankunft im Licht. – Nur weil du dich fallen gelassen hast, weil du vertraut hast, konntest du mehr sehen.“

Aus: Gerda und Rüdiger Maschwitz, Phantasiereisen zum Sinn des Lebens, Kösel Verlag, München 2004

M2 Schablone: Papierschmetterling

M3 Gebet

Lieber Gott!
Wir sind alle sehr traurig über den Tod von J.
Wir sind traurig, dass J. nicht mehr da ist.
Er wird uns fehlen.
Wir können es noch immer nicht richtig glauben,
dass wir Abschied nehmen müssen.
Er war unser Freund, unser Mitschüler
und wir wollten noch so viel zusammen mit ihm erleben.
Wir wollten mit ihm zusammen spielen und erzählen.
Wir wollten zusammen zur Schule gehen.

Wir fragen uns: Warum musste J. sterben?
Warum ist das passiert?
Und legen dir, Gott, unsere Fragen
und unsere Trauer ans Herz.
Wir vertrauen darauf,
dass deine Nähe, lieber Gott, und deine Geborgenheit
J. nun umgeben,
dass er nicht allein ist, sondern dass er bei dir ist, Gott.

Wir danken dir auch für die Zeit,
die wir mit J. verbringen konnten.
Danke, Gott, für das Gute, dass du J.
in seinem Leben geschenkt hast.

Wir bitten dich für J.'s Mama, J.'s Papa und A., seinen Bruder,
tröste sie und sei ihnen nahe in ihrem Schmerz.
Schenke uns allen Mut zum Leben,
lass Schönheit und Freude wieder in uns aufleben,
schenke uns Licht und Wärme,
die uns begleiten.
Schenk uns deinen Frieden.
Amen

M4 Kunststoffschmetterling

Wir haben uns für die Herstellung von Kunststoffschmetterlingen entschieden, da diese lange der Witterung standhalten. Uns war es wichtig ein sichtbares Zeichen der Anteilnahme für die Angehörigen, das nicht zu groß sein sollte, (Urnengrab) zu gestalten.

Die Schmetterlinge hängten wir dann mit Bändern an einen Buchsbaum, der später am Grab stehen sollte.

Das Brennen des Granulats haben wir aus Sicherheitsgründen zu Hause erledigt und die vorbereiteten Schmetterlinge mit zur Schule genommen.

Schmelzgranulat und Motivformen erhalten Sie in gut sortierten Bastel- und Baumärkten, oder über das Internet unter: **www.vbs-hobby-welt.de**. Dort finden Sie auch weitere Informationen.

- Schmelzen Sie für jedes Kind einen Schmetterling.
- Geben Sie das Granulat in Motivformen aus Metall oder in Silikon-Formen (die Silikonformen beinhalten mindestens sechs Schmetterlinge) und schieben Sie diese auf einem Backblech bei circa 180 Grad für 8- 10 Minuten in den vorgeheizten Backofen.
- Wichtig ist, dass Sie anschließend sofort mit einem Nagel in den noch heißen Schmetterling ein Loch für das Band zum Aufhängen bohren. In kaltem Zustand wäre das eine viel mühsamere Arbeit.
- Die Schmetterlinge können auch in verschiedenen Größen, Farben und Formen geschmolzen werden.
- Wir haben helle Farben verwendet, damit jedes Kind seinen eigenen Schmetterling noch mit Eddingstiften verzieren und beschriften konnte.

Alternativ kann jedes Kind auch eine Kerze anstatt des Kunststoffschmetterlings gestalten. Die Kerzen können dann auf einer schönen Platte bei der Trauerfeier/Beerdigung aufgestellt werden.

M5 Elternbrief
Aus gegebenem Anlass

Liebe Eltern der Klasse 1a! *(Datum)*

Es fällt mir sehr schwer, Ihnen diesen traurigen Brief schreiben zu müssen. Einige von Ihnen haben es schon erfahren, aber nicht alle hat die Nachricht bis jetzt erreicht. In den Ferien, ist J. Sch. tödlich verunglückt.

Im gemeinsamen Familienurlaub in Holland lief er (*Datum*) unter ein Auto. Er wurde zwar sofort von einem Rettungshubschrauber in eine Klinik nach R. geflogen, aber die Verletzungen waren zu groß. Einen Tag später starb er.

Diese Nachricht haben wir zuerst mit Ungläubigkeit, dann mit Erschütterung und Trauer aufgenommen und so ähnlich wird es sicher allen gehen.

Sicherlich können wir Eltern nur ein Stück nachempfinden, wie J.´s Eltern und sein Bruder sich jetzt fühlen mögen. Abschied nehmen zu müssen vom eigenen Kind, vom Bruder, ist wohl die größte Herausforderung unseres Lebens und der schwerse und schlimmste Schmerz, der uns überhaupt zugefügt werden kann. Wir alle sind mit den Eltern traurig und betroffen.

Da J. zu unserer Klasse gehörte, habe ich mir in der Kürze der Zeit einige Gedanken gemacht, was wir als Eltern der Klasse für die Familie Sch. und auch für unsere Kinder tun können.

Heute möchten wir den Kindern in der Schule die Möglichkeit geben, ihren Schmerz, ihre Ängste und Sorgen auszudrücken und auch Abschied von J. zu nehmen.

Im Rahmen meiner Tätigkeit als ehrenamtliche Hospizhelferin und auch durch viele persönliche Erfahrungen habe ich mich speziell mit den Themen Sterben und Trauer bei Kindern und Erwachsenen auseinandergesetzt.

Frau M. bat mich, heute und morgen die Kinder der Klasse zu betreuen. Ich habe ein Konzept ausgearbeitet, welches den Kindern die Möglichkeit geben soll, sich mit dem Geschehen auseinanderzusetzen und das Erlebte zu verarbeiten.

Gern bringe ich auch zu unserem geplanten Elternabend Literatur zum Thema zur Ansicht mit.

Ich werde mit den Kindern die Geschichte „Über das Vorher, das Nachher und das Jetzt, die Geschichte eines Schmetterlings" bearbeiten. Dazwischen gibt es immer wieder Zeiten zum Entspannen, Singen, Basteln und immer wieder Zeit zum Erzählen oder Erklären (zum Beispiel auch der verschiedenen Beerdigungsrituale).

Wir geben Ihnen die Geschichte des Schmetterlings auch noch mal zum Nachlesen mit. Ich möchte den Kindern Raum lassen, über sich selbst, die Erinnerungen an J., den nun leeren Platz in der Klasse zu sprechen und Abschied von J. zu nehmen. Da die Geschichte von einer Raupe handelt, die ihre äußere Hülle auf der Erde zurücklässt und als Schmetterling auf eine neue, andere Weise lebt, habe ich auch alles andere an dieses hoffnungsvolle Zeichen des Schmetterlings angelehnt.

Die Kinder werden blaue und grüne Schmetterlinge (J.'s Lieblingsfarben blau und grün) gestalten. Hier soll jedes Kind die Möglichkeit bekommen, einen Wunsch für J., eine Erinnerung oder etwas, was das Kind J. noch sagen möchte, festzuhalten.

Diese Schmetterlinge werden nach der Trauerfeier, die morgen

Dienstag, (Datum) um 15.00 Uhr in der Kirche NN.

stattfinden wird, an mit Gas gefüllte Luftballons gebunden werden und für J. in den Himmel geschickt.

Außerdem haben wir für die Kinder ein Terrakottaherz besorgt, auf dem alle Kinder unterschreiben werden. Weiterhin werden die Kinder gebastelte Schmetterlinge an ein Buchsbäumchen hängen. Das Herz und das Bäumchen werden dann bei der Trauerfeier mit am Sarg stehen und später am Grab von J.

Ein gemeinsamer Kranz ist nicht sinnvoll, da die Urnenbeisetzung erst zu einem späteren Zeitpunkt stattfinden wird.

Auch im Namen aller Eltern habe ich die Eltern von J. besucht. Ich habe Informationen über die Todesumstände und die Trauerfeier bekommen, die ich auch an die Kinder weitergeben durfte. In diesem Zusammenhang konnte ich auch erfahren, dass die Eltern von J. es schön fänden und sie es auch aushalten könnten, wenn viele Kinder zur Trauerfeier kommen würden. Die

Luftballonaktion und der Buchsbaum sind mit der Familie Sch. abgesprochen.

Die Kinder der vierten Klasse, die J.'s Bruder besucht und Kindergartenkinder, die J. kannten, möchten sich gern anschließen. Auch sie werden nach dem gleichen Konzept arbeiten und auf die Trauerfeier vorbereitet. Der Pfarrer wird die Gedanken dann in der Trauerfeier aufnehmen. Er kennt das Konzept ebenfalls.

Die endgültige Entscheidung, ob Sie und Ihr Kind teilnehmen, sollte jede Familie individuell für sich und das eigene Kind treffen, da jeder anders mit diesem Ereignis umgeht.

Es wäre gut, wenn ein Elternteil das Kind zur Feier begleiten könnte, oder, wenn das nicht möglich ist, eine Vertrauensperson des Kindes dabei sein könnte.

Allgemein ist man in der Kinderpsychologie der Auffassung, dass das Thema Tod für Kinder nicht tabu sein sollte.

Der Tod gehört zu unserer aller Leben und wir müssen uns dem auch immer wieder stellen. Kinder haben viele Fragen zum Tod und dem Sterben. Sobald Kinder spüren, dass wir sie als Erwachsene mit diesen schweren Fragen nicht allein lassen, sie ernst nehmen, können die Kinder auch dem Leben gegenüber wachsen und sich entwickeln.

In der Phase zwischen dem 6. und 10. Lebensjahr zeigen Kinder oft ein typisches nüchternes und sachliches Interesse an den Äußerlichkeiten des Todes, gehen wissbegierig mit dem Thema um, aber es festigt sich auch allmählich die Einsicht in die Endgültigkeit des Todes und den damit verbundenen Schmerz des Abschieds.

Viele Fragen und vielleicht auch Ängste werden jetzt immer wieder bei unseren Kindern um den Tod herum auftauchen, um das eigene Sterben. Den Kindern dann offen und ehrlich entgegentreten, sie nicht allein lassen und sie so annehmen, wie sie sich zeigen, auch wenn wir selbst nicht alle Fragen beantworten können oder es auf manche Fragen keine Antwort gibt, ist dann ein guter Weg.

Kinder trauern bunt und vielfältig und sind deshalb sehr abhängig von unserer Toleranz. Die Trauerprozesse bei Kindern verlaufen auch nicht so kontinuierlich wie bei Erwachsenen. Sie trauern mit Pausen, ein natürlicher Schutzmechanismus, der ihnen Zeit gibt, sich zwischendurch zu erholen und neue Kraft zu sammeln.

Trauer ist eine ganz natürliche Antwort auf Verlust und wir wünschen J.'s Eltern, seinem Bruder A. und uns allen, dass wir unseren eigenen Weg der Trauer gehen und entdecken können, dass wir immer wieder Quellen der Kraft und des Mutes finden und die Lücke, die J. hinterlässt, mit unseren lebendigen Erinnerungen an das Leben mit ihm zu füllen vermögen. Wir können J.'s Eltern jetzt zur Seite zu stehen, indem wir ihnen begegnen, für sie da sind, auch wenn manchmal die Worte fehlen werden und wir uns selbst unsicher fühlen.

Ich möchte alle ganz herzlich grüßen und hoffe, im Sinne aller Eltern entschieden zu haben, da keine Zeit mehr blieb, vorher alles gemeinsam abzustimmen.

(Unterschrift)

M6 Ablaufplan: Luftballonschmetterlinge

Name	Aufgabe	Standort	Zeit
NN	Musikanlage in der Kirche bedienen	Kirche	Wenn die Lichter zum Sarg getragen werden
NN NN NN	Absichern der Straße beim Gang von der Kirche zum Parkplatz	Straße zwischen Kirche und Parkplatz	direkt nach der Trauerfeier
NN NN NN	Verteilen der fertigen Schmetterlinge an die jeweiligen Kinder; Verteilen der Ersatzschmetterlinge an Geschwisterkinder. Achtung: Schmetterlinge mit Tesa anbringen, nicht knoten! Erinnerung an gemeinsamen Start	Tisch (blau): Basteln	direkt nach der Trauerfeier
NN NN NN	Verteilen des Fladenbrots und der Apfelschorle an alle Kinder	Tisch (blau): Essen	Während die Ballons startklar gemacht werden
NN NN	Verteilen der Luftballons (nicht knoten, kleben!!!)	Pferdeanhänger	direkt nach der Trauerfeier
NN NN	Schmetterlinge an Luftballonbänder kleben	Nähe Tisch oder Pferdeanhänger	Wenn die Ballons und Schmetterlinge verteilt sind
NN	Musikanlage auf Parkplatz aufbauen und bedienen; zuerst ruhige Musik. Bei Zeichen zum Ballonstart Musik von „Queen“.	Neben Tisch (blau) oder Pferdeanhänger	direkt nach der Trauerfeier

M7 Besorgungsliste für die Trauertage

Vorbereitungen

- Konzepte, Auflaufpläne, Personeneinteilungen
- Schmetterlinge auf Papier ausdrucken
- Kunststoffschmetterlinge brennen
- Trauerkarten schreiben
- „Bitte nicht stören“-Schilder für die Klassen 1 bis 4

Einkauf für die Schule

- Schmetterlinge jeder Form
- Ausstechformen Schmetterlinge
- Granulat zum Brennen der Kunststoffschmetterlinge
- Schleifenband
- Buchsbaum mit Topf
- Eddingstifte in verschiedenen Farben
- Pinnwand mit Reißbrettstiften
- Kerzen
- Papier für Schmetterlinge
- Buch für die angehörigen Eltern, CD für den Bruder
- Trauerkarte für Eltern, Trauerkarte für den Bruder

Für die Schule mitbringen von zu Hause

- Musikanlage, CD’s
- Feuerzeug
- Kerzen
- Tuch
- Blüten aus dem Garten
- Foto von J. und Staffelei, klein
- Tesafilm

Einkauf für die Trauerfeier

- Terrakottaherz (auf dem die Kinder unterschreiben)
- Gas für Luftballons
- 150 Luftballons und Schnur
- Tesafilm
- Brot
- Apfelsaft
- Müllbeutel
- Kunststoffbecher
- Servietten
- Klebeband
- Absperrband

Mitbringen oder Ausleihen für die Trauerfeier

- 2 Musikanlagen für Kirche und Parkplatz
- CD's mit gewünschter Musik bei den Eltern abholen
- Feuerzeug
- 3 große Tischdecken
- Stifte und Scheren
- Körbe für Brot
- Kerzen
- 3 Bierzelttische
- Verlängerungskabel
- Erste-Hilfe-Päckchen

M8 Traueranzeige der Schule

Ich bin von euch gegangen,
nur für einen Augenblick und gar nicht weit,
wenn ihr dahin kommt, werdet ihr euch fragen,
warum ihr geweint habt.

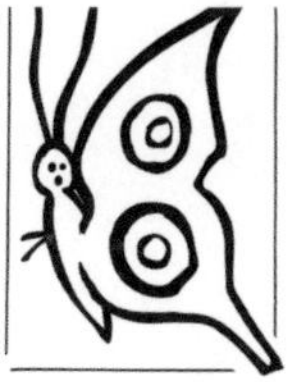

Wir trauern um unseren
Freund, Mitschüler und Schüler

J. Sch.

geb. (Datum) verst. (Datum)

J. war lebenslustig und fantasievoll.
Wir hätten ihn so gern in unserer Mitte behalten.

Unser tiefstes Mitgefühl gilt seinen Eltern und seinem Bruder A.

Die Schüler, Eltern, die Schulleitung
und das Kollegium der
(Name der Schule)

M9 Beispiele für Schülerbeiträge

„Kreuze" von Saskia Neu

„Lampen" (Text: Für die Eltern von J.) von Linda Bechtel

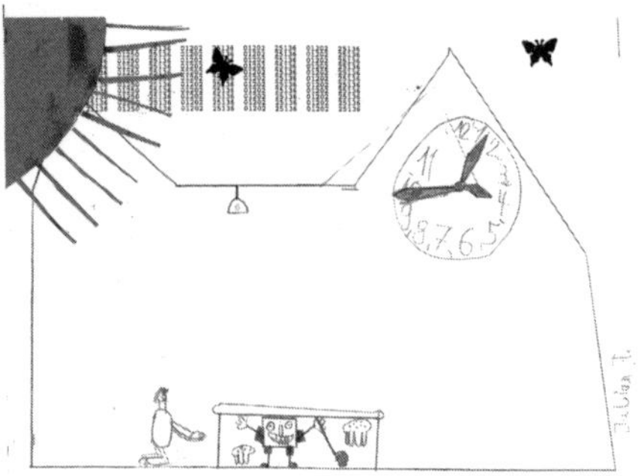

„Die Trauerfeier" von Julian Fröhlingsdorf

„Abschied" von Alina Tix

Frage an den Autofahrer: „Sind Sie verrückt?" von Paul Jennes

M10 Gebet (nach der ersten Trauer)

Gott, lieber Vater,

jeder von uns trägt ein Bild von J. in sich,
jeder von uns vielleicht ein anderes,
aber alle sind sie ein ganz wertvoller Schatz,
so bunt, so lebendig, so verschieden,
wie ein Licht, was J. uns hier gelassen hat,
durch das er immer bei uns sein kann.

Du, unser Gott, hast uns diese Bilder von J. mitgegeben,
wir können sie aufbewahren in unseren Herzen oder
in einem Bild, einem Brief, einem Lied, einer Geschichte.

J. hat uns verlassen, er geht jetzt einen anderen Weg,
aber wir können dir vertrauen, dass J.s Weg zu dir führt,
und dass er bei dir gut aufgehoben ist.
Du bereitest ihm ein Zuhause, in dem er nicht allein ist.

Wir danken dir, Gott, für all die bunten Bilder,
die du uns von J. geschenkt hast,
wir danken dir für das Licht, das J. uns hier gelassen hat,
das unsere dunklen Tage heller machen kann,
uns Kraft schenkt und Mut für unser eigenes Leben.

Lass uns durch J. lernen, behutsam miteinander umzugehen,
uns anzunehmen und zu achten
in all unserer Unterschiedlichkeit.
Amen.

10. Schlussgedanke

Nachdem klar war, dass ich die Klasse 1a begleiten würde, musste ich mich erst einmal selbst orientieren.

Anfangs wusste ich nicht, wo ich überhaupt beginnen sollte, wie mein Konzept für den Unterricht aussehen sollte und ob ich das, was ich fühlte und dachte, ausdrücken konnte. Ich war nicht sicher, ob ich genug Kraft finden würde, um für die Kinder da zu sein und Verantwortung zu übernehmen. Wirklich zu begreifen, dass J.s Platz in unserer Gemeinschaft für immer leer bleiben würde, fiel mir unendlich schwer.

Heute bin ich froh, für mich selbst und für die Kinder der Klasse, dass ich mich der Aufgabe gestellt habe, mich darauf eingelassen und mir die Zeit genommen habe.

In der Vorbereitung geholfen hat mir mein Versuch, mich so weit wie möglich mit Reaktionen und Verhaltensweisen der Kinder auseinanderzusetzen, in sie hineinzuspüren und dabei meine eigene Betroffenheit und Trauer wahrzunehmen. Auch ein Gespräch mit dem Kinderhospiz in Olpe, wo ich kurz mein Konzept vorstellen durfte, hat mir Selbstvertrauen und Mut für diese Aufgabe gegeben.

Mich persönlich hat es tief beeindruckt, dass es möglich war, das Thema Tod und die damit zusammenhängenden Ereignisse mit den Kindern und Eltern in einer offenen, vertrauensvollen Atmosphäre zu besprechen, zu bearbeiten und zu betrauern. Es war gut zu spüren, dass viele Menschen, jeder auf seine Art und Weise und jeder nach seinen Möglichkeiten, Unterstützung und Hilfe anbot. Natürlich gab es auch Menschen, die ein Engagement der Schule für überflüssig hielten und meinten, nicht zuständig zu sein, die sich zurückzogen, die nicht handeln wollten oder aus ihrer emotionalen Betroffenheit heraus nicht handeln konnten.

Bewerten sollten wir solche Verhaltensweisen nicht. Wesentlich ist, dass es Menschen gibt, die in solchen Situationen für die

Kinder da sind, oder dass wir, wenn wir selbst nicht in der Lage sind, Menschen finden, die wissen, wohin wir uns wenden können.

J. war mit seiner Familie Teil unserer Gemeinschaft, sein Tod war für unsere Kinder und uns als Eltern auch eine Chance, sich gemeinsam behutsam mit dem Thema Leben und Sterben vertraut zu machen, das Sterben als einen Teil unseres Lebens zu begreifen.

Wir konnten unseren Kindern die Erfahrung mit ihrer eigenen Trauer ermöglichen, mit ihnen lernen, Grenzen wahrzunehmen und Verluste ins Leben zu integrieren. Es war eine der Erfahrungen, die wir machen durften, dass wir den Weg der Trauer nicht immer allein gehen müssen.

Durch dass gemeinsame Trauererlebnis lernten wir Verständnis füreinander zu entwickeln, konnten sensibel werden für uns selbst und für andere Menschen in Trauer. Wir haben erfahren, dass sich in unserem Schmerz Wege eröffnet haben, Trost zu finden und zu spenden. Unsere Trauer nicht wegzuschieben, sondern sie zu durchleben, hat uns geholfen, diese Trauer besser zu bewältigen.

Die betroffene Familie äußerte, dass sie die große Anteilnahme und das tiefe Mitgefühl als sehr wichtig und tröstend empfunden habe.

Nicht zuletzt ist unsere Klasse mit Kindern und Eltern durch dieses traurige Ereignis auch sehr zusammengewachsen, denn wir sind uns alle auf einer anderen Ebene begegnet.

Diese für mich so wertvollen Erfahrungen haben mir Mut und Kraft für dieses Projekt gegeben. Gerade deshalb möchte ich andere dazu ermutigen, in ihrer Schule die Themen Sterben, Tod und Trauer ebenfalls nicht auszugrenzen, sondern aufzugreifen, zu bearbeiten und in das Schulleben zu integrieren.

Die Auseinandersetzung kann uns verborgene Perspektiven eröffnen, uns tief berühren und verbinden, auch wenn wir manchmal nicht genau wissen, wohin uns der Weg führen wird, auch wenn es uns schwer fällt, Worte zu finden und wir unsere Emotionen nicht immer unter Kontrolle haben werden. Aber das macht uns dann zum glaubwürdigen Partner der Kinder und Jugendlichen, denen wir begegnen.

11. Verfügbare Materialien für den Unterricht und die Gestaltung des Abschieds

Fachliteratur/Unterrichtsmaterialien

Einige Bücher werden neu aufgelegt oder sind zurzeit vergriffen. Bei www.amazon.de ,www.booklooker.de oder www.abebooks.de findet man aber oft ein gebrauchtes und sogar günstigeres Exemplar.

Fachliteratur

Hubert Böke/Lena Knudsen-Böke/Monika Müller. Trauer ist ein langer Weg. Patmos Verlag, Düsseldorf 2000

Gertrud Ennulat. Kinder trauern anders – Wie wir einfühlsam und richtig begleiten. Herder Verlag, Freiburg 2003

Gertraud Finger. Mit Kindern trauern. Kreuz Verlag, Stuttgart 2001

Margit Franz. Tabuthema Trauerarbeit. Don Bosco Verlag, München 2002

Wolfgang Holzschuh. Geschwister-Trauer – Erfahrungen und Hilfen aus verschiedenen Praxisfeldern. Verlag Friedrich Pustet, Regensburg 2000

Roland Kachler. Meine Trauer wird dich finden – Ein neuer Ansatz in der Trauerarbeit. Kreuz Verlag, Stuttgart 2005

Gabriele Knöll. Du bist tot – ich lebe – Trauernde Geschwister. Bundesverband verwaiste Eltern in Deutschland e.V. Books on Demand GmbH, Norderstedt 2003

Kerstin Lammer. Trauer verstehen – Formen – Erklärungen – Hilfen. Neukirchener Verlag, Neukirchen 2004

Monika Müller/Matthias Schnegg. Der Weg der Trauer. Herder Verlag, Freiburg 2005

Manfred Otzelberger. Suizid. DTV, München 2002

Chris Paul. Warum hast du uns das angetan? – Begleitbuch für Trauernde, wenn jemand sich das Leben genommen hat. Gütersloher Verlagshaus, Gütersloh 2001

Mechthild Ritter. Wenn ein Kind stirbt – Ein Begleiter für trauernde Eltern und Geschwister. Kreuz Verlag, Stuttgart 2003

Georg Schwikart. Niemand geht ohne Spuren. Mit dem Tod leben. Herder Verlag, Freiburg 2000

Georg Schwikart. Die Trauerfeier – Ein Ratgeber zu Ablauf, Gestaltungsmöglichkeiten, Textauswahl. Gütersloher Verlagshaus, Gütersloh 2005

Monika Specht-Tomann/Doris Tropper. Zeit zu trauern – Kinder und Erwachsene verstehen und begleiten. Patmos Verlag, Düsseldorf 2001

Christoph Student. Im Himmel welken keine Blumen – Kinder begegnen dem Tod. Herder Verlag, Freiburg 2000

Daniela Tausch-Flammer/Lis Bickel. Wenn Kinder nach dem Sterben fragen – Ein Begleitbuch für Kinder, Eltern und Erzieher. Herder Verlag, Freiburg 1994

Anja Wiese. Um Kinder trauern – Eltern und Geschwister begegnen dem Tod. Gütersloher Verlagshaus, München 2001

Unterrichtsmaterial

Renate Amuat. Last Minute – Der Tod macht auch vor der Schule nicht halt. Pestalozzianum, 2005

Uta Brumann/Hans-Joachim Knoff/Wilfried Stascheit. Projekt Tod, Materialien und Projektideen. Verlag an der Ruhr, 2006

Fachverlag des deutschen Bestattergewerbes GmbH. Helft den Kindern den Tod zu begreifen – Broschüre mit Grundinformationen für Eltern und Lehrer, um mit Kindern in ein Gespräch über die Themen Sterben und Tod zu kommen. Düsseldorf 2005

Christa Hienstorfer/Sabine Rösemeier. Praxis Impulse – Tod und Trauer bewältigen. Mit Kopiervorlagen. Westermann, Braunschweig 2004

Petra Hinderer/Martina Kroth. Kinder bei Tod und Trauer begleiten – Konkrete Hilfestellungen in Trauersituationen – Für Kindergarten, Grundschule und zu Hause. Ökotopia Verlag, Münster 2005

Dagmar Krol, AMOK. Pädagogisch handeln nach schulischen Notfällen. Göttingen 2008 (E-Book)

Dagmar Krol, Pädagogisch handeln bei Angst, Trauer, Zorn. Eine Schule im Schatten von Entführung und Mord. Göttingen 2008 (E-Book)

Martina Plieth/Ulrike Itze. Tod und Leben – Mit Kindern in der Grundschule Hoffnung gestalten. Donauwörth/Dortmund 2002

Mechthild Voss-Eiser. Nach einmal sprechen von der Wärme des Lebens – Texte aus der Erfahrung von Trauernden. Herder Verlag , Freiburg 1997

Für Stilleübungen/Meditationen

Gerda und Rüdiger Maschwitz. Stille-Übungen mit Kindern – Ein Praxisbuch. Kösel Verlag, München 1997

Gerda und Rüdiger Maschwitz. Phantasiereisen zum Sinn des Lebens – Anregungen für Kinder, Jugendliche und Erwachsene. Kösel Verlag, München 2004

Else Müller. Träumen auf der Mondschaukel. CD. Kösel Verlag, München 1998

Kinderbücher

Ann de Bode/Rien Broere. Ritter in meinem Blut. Ellermann Verlag, 2002

Die Erfahrungen von Bert, einem leukämiekranken Jungen, werden hier beschrieben. Verständlich wird auch über die Krankheit, Therapie und die Gefühle der Menschen um Bert herum berichtet. *Ab 6 Jahren*

Elfie Donnelly. Servus Opa, sagte ich leise. DTV, München 1978

Der Opa von Michi ist manchmal seltsam und es nicht einfach, mit ihm unter einem Dach zu leben, aber Michi erzählt gern mit seinem Opa. Als Michi erfährt, dass der Opa sterben muss, ist er sehr traurig. *Ab 8 Jahren*

Amelie Fried/Jack Gleich. Hat Opa einen Anzug an? Hanser Verlag, München 1997

Eine Geschichte um den verstorbenen Opa und das „Danach“. Bruno sucht seinen eigenen Weg, um mit dem Tod des Opas zu leben. Jeden Abend vor dem Schlafen gehen betrachtet er das Bild des Opas und spricht mit ihm. *Ab 5 Jahren*

Marie Herbold. Papi, wir vergessen dich nicht. Das Tagebuch der 13-jährigen Marie Herbold während der Krankheit und Tod von ihrem Papi. Nord-Süd Verlag, Zürich 2002

Die 13-jährige Autorin dieses ergreifenden Buches hat Tagebuch geschrieben und so dürfen Leser und Leserin erfahren, was in ihr vorging. Hoffnung und Trauer sind in der einfachen Sprache der Jugendlichen formuliert und bieten die Möglichkeit zur Auseinandersetzung mit dem Tod. *Ab 6 Jahren*

Hermann Inger. Du wirst immer bei mir sein. Patmos Verlag, Düsseldorf 2000

Peter, fünf Jahre, ist mit seiner Familie auf dem Weg in den Urlaub, als sie verunglücken. Im Krankenhaus erfährt Peter, dass sein Vater bei dem Unfall gestorben ist. Peter kann das zuerst gar nicht glauben, aber im Laufe der Geschichte entdeckt er, dass seine Liebe zu seinem Vater und die seines Vaters zu ihm auch durch den Tod nicht zerstört werden kann. *Ab 8 Jahren*

Marit Kaldhol/Wenche Oeyen. Abschied von Rune. Ellermann Verlag, Hamburg 1987

Rune ertrinkt beim Spielen mit Sara am Wasser. Seine Freundin Sara empfindet tiefe Trauer und muss von Rune Abschied nehmen. *Ab 5 Jahren*

Anke Kranendonk. Vom Weinen kriegt man Durst. Patmos Verlag, Düsseldorf 2000

Joris Onkel wird nach langer Krankheit sterben. Jori hat vorher noch viele Fragen an ihn. *Ab 8 Jahren*

Dagmar Krol. Kevin Kanin oder als es dunkel wurde am Lohewald. Eine Geschichte für die Kinder von Hipstedt. Kreuz-Verlag, Stuttgart 2005

Ein Buch für Kinder und Erwachse zum Thema Mord.

Die Geschichte von Kevin Kanin beschreibt in einfachen Sätzen und einfühlsamen Bildern das Verschwinden von Kevin. Später wird er tot aufgefunden. Die Geschichte versucht, Kindern, die mit solch einem Geschehen konfrontiert worden sind, wieder Mut zum Leben zu geben. – Dagmar Krol ist Lehrerin; sie hat das Buch für ihre Klasse nach dem Mord an einem Mitschüler geschrieben. *Ab 8 Jahren*

Manfred Kyber. Märchen und Tiergeschichten. Komet Verlag, Köln 2006

Die Regenwürmer bekommen die Wandlung der Raupe zum Schmetterling mit und deuten diese ganz unterschiedlich. Für die einen ist die Wandlung der Tod, für die anderen der Beginn eines neuen Lebens. *Ab 6 Jahren*

Astrid Lindgren. Der Drache mit den roten Augen. Oetinger Verlag, Hamburg 1986

Die Geschichte vom kleinen, grünen Drachen, der eines Tages bei einem Geschwisterpaar auftaucht. Sie erleben eine schöne, spannende gemeinsame Zeit. Doch eines Tages fliegt der Drache fort. Die Kinder trauern und nehmen Abschied. *Ab 4 Jahren*

Astrid Lindgren. Im Land der Dämmerung. Oetinger Verlag, Hamburg 1994

Ein Junge muss seit einem Jahr im Bett liegen. Aber er bekommt Besuch von einem Mann, aus einem Land, in dem es keine Rolle spielt, ob man gesund ist oder krank. *Ab 5 Jahren*

Astrid Lindgren. Die Brüder Löwenherz. Oetinger Verlag, Hamburg 1995

Ein trauriges und zugleich hoffnungsfrohes Buch über zwei Brüder. Nach ihrem Tod haben sie ausgemacht, dass sie sich in einem anderen Land wieder sehen werden, um dort zusammen zu leben. Dort erleben sie gemeinsam ein spannendes Abenteuer, bis sie wieder an einem Tor zum Tod stehen. Aber auch danach gibt es für sie ein anderes neues Leben mit bekannten Tieren und Menschen. *Ab 10 Jahren*

Sally Nicholls. Wie man unsterblich wird: Jede Minute zählt. Carl Hanser Verlag, München 2008

Sam ist elf Jahre und hat Leukämie und beschließt seine Lebenszeit zu nutzen. Er sammelt Geschichten, interessante Tatsachen und wichtige Fragen. Wieso Gott Kinder krank werden lässt, zum Beispiel. Die erstaunlichen Antworten, die Sam findet, seine Erkenntnisse über sich und die Welt, schreibt er in sein Tagebuch. Ein bewegendes, trauriges, kluges und ermutigendes Buch zugleich. *Ab 10 Jahren*

Ulf Nilsson/Anna-Clara Tidholm. Adieu, Herr Muffin. Moritz Verlag, Frankfurt/M. 2003

Herr Muffin, das alternde Meerschweinchen, denkt über sein Leben nach und erinnert sich an seine Familie. Als Herr Muffin stirbt, löst die Nachricht von seinem Tod überall Trauer und Betroffenheit aus. Ab 5 Jahren

Ulf Nilsson/Eva Eriksson. Die besten Beerdigungen der Welt. Moritz Verlag, Frankfurt/M. 2009

Ein Beerdigungsinstitut für tote Tiere gibt es nicht. Drei Kinder verschiedenen Alters beerdigen Tiere, denen sonst niemand Beachtung schenkt. Sie durchleben Trauer und haben außerdem viele sachliche Fragen zum Thema. Ab 5 Jahren

Hiltraud Olbrich. Abschied von Tante Sofia. Kaufmann Verlag, Lahr 1998

Die Geschichte erzählt von der Freundschaft zwischen Tante Sofia und zwei Kindern. In den gemeinsamen Gesprächen mit der Tante erfahren die Kinder viel von den Vorstellungen,

Hoffnungen, und Überzeugungen der Tante über Leben und Tod. Als die Tante stirbt, sind die Kinder traurig, aber gut vorbereitet auf den schmerzlichen Tod. *Ab 8 Jahren*

Roberto Piumini. Matti und der Großvater. Matti und der Großvater. DTV, München 2001

Mattis Großvater liegt im Sterben. Gemeinsame Gespräche, Wanderungen und Erlebnisse werden noch einmal durchlebt.*Ab 6 Jahren*

Pernilla Stafelt. Und was kommt dann? Moritz Verlag, Frankfurt/M. 2000

Viele Fragen der Kinder rund um die Themen Sterben, Tod und Beerdigung werden hier aufgegriffen und sehr direkt beantwortet. – Nicht unbedingt geeignet für akut betroffene Kinder, aber eine mögliche Gesprächsanregung zum Themenbereich. *Ab 5 Jahren*

Ulf Stark. Meine Schwester ist ein Engel. Carlsen Verlag, Hamburg 1991

Ulfs Schwester ist in Mamas Bauch gestorben, lange bevor Ulf und sein älterer Bruder geboren wurden. Aber für Ulf ist sie die beste Schwester, die er sich vorstellen kann. Ein wichtiges Buch, das sich mit den Auswirkungen eines totgeborenen Kindes auf die Familie beschäftigt und darauf aufmerksam macht, das die Kinder, die „vorher" oder „nachher" geboren wurden, auch betroffen sind von diesem Tod, dass sie auf ihre Art auch Trauernde sein können und dürfen. *Ab 6 Jahren*

Hermien Stellmacher. Nie mehr Oma-Lina-Tag? Gabriel Verlag, Stuttgart 2005

Jeden Mittwoch holt Oma Lina Jasper von der Schule ab und backt mit ihm Pfannekuchen. Eines Tages wird Oma Lina krank. Jasper erlebt das Sterben, den Tod und die Beerdigung von Oma Lina. Er hat viele Fragen: Was ist der Tod? Was geschieht mit dem Toten? Wie geht das Leben ohne Oma Lina weiter? – Seine Eltern hören ihm zu und sie sprechen über diese wichtigen Fragen des Lebens. *Ab 8 Jahren*

Susan Varley. Leb wohl, kleiner Dachs. Annette Betz Verlag, Wien 1992

Der Dachs weiß, dass er sterben muss. Er war immer für alle anderen Tiere da. Nach seinem Tod sind die Tiere traurig, reden aber oft von der gemeinsamen Zeit und erinnern sich an all das Schöne, das sie von ihm gelernt haben, und hüten es wie einen Schatz. *Ab 5 Jahren*

Max Velthuijs. „Was ist das" fragt der Frosch. Die Beerdigung einer Amsel und wie die anderen Tiere ihre Lebensfreude wieder finden. Sauerländer Verlag, Oberentfelden 1994

Dolf Verroen/Wolf Erlbruch. Ein Himmel für den kleinen Bären. Hansa Verlag, München 2003

Als Opa Bär stirbt und in den Bärenhimmel kommt, möchte der kleine Bär auch dort hingehen. Dann aber erkennt er, dass sein Platz noch bei seinen Eltern ist. Auch wenn im Bärenhimmel alle glücklich sind … *Ab 5 Jahren*

Udo Weigelt. Der alte Bär muss Abschied nehmen. Nord-Süd Verlag, Zürich 2004

Der alte Bär ist krank. Er wird sich auf eine ganz besondere Reise machen und niemand kann ihn begleiten, nicht einmal sein bester Freund, der kleine Fuchs. Alle Tiere verabschieden sich vom Bären, aber der große Abschied muss nicht das Ende von allem bedeuten. *Ab 4 Jahren*

Jugendbücher

Jennifer Cranen/Vito von Eichborn. Ich will nicht, dass ihr weint. Das Krebstagebuch der 16-jährigen Jenni. Books on Demand GmbH, Norderstedt 2006

Als die 16-jährige Jenni erfährt, dass sie Krebs hat, kämpft sie dagegen an. Vierzehn Monate schreibt sie ihre Erfahrungen, Erlebnisse, ihre Ängste und Hoffnungen auf. Ab 14 Jahren

Antoine De Saint Exupéry. Der kleine Prinz. Karl Rauch Verlag, Düsseldorf 2008

Die Geschichte vom kleinen Prinz, der über den Sinn des Lebens, über Tod und Wiederkehr nachdenkt. Er deckt die Absurdität und Einsamkeit des modernen Menschen auf und hält uns einen Spiegel vor. *Ab 12 Jahren*

Monika Feth. Fee-Schwestern bleiben wir immer. Bertelsmann Verlag, Bielefeld 2002

Nach dem Tod der behinderten Schwester Fee macht Claire mit ihrem Freund eine Reise nach Schottland. Dort liest sie die Tagebücher ihrer Mutter. Sie lernt ihre Eltern so aus einer ganz anderen Perspektive kennen und begreift, dass sie Abschied nehmen muss. *Ab 14 Jahren*

Marie Therese Schins. Und wenn ich falle. DTV, München 2001

Das Buch handelt vom Mut, traurig zu sein und seine Traurigkeit zu zeigen. Jugendliche beschreiben, wie sie es geschafft haben, sich zu öffnen, fremde Hilfe anzunehmen, und wie gut es tut, sich mit Menschen in ähnlichen Lebenssituationen auszutauschen. *Ab 12 Jahren*

Peter Pohl/Kinna Gieth. Du fehlst mir, du fehlst mir! DTV, München 2006

Cilla und Tina sind Zwillingsschwestern. Als Cilla bei einem Verkehrsunfall ums Leben kommt, beginnt für Tina ein schweres Leben. Peter Pohl hat den Roman auf der Grundlage authentischer Aufzeichnungen geschrieben. *Ab 13 Jahren*

Georg Schwikart. Der Tod ist ein Teil des Lebens. Patmos Verlag, Düsseldorf 2003

Das Buch informiert sachlich, offen und anschaulich über Sterben, Tod und Trauer. Es erzählt einfühlsam davon, wie wichtig es ist, Abschied zu nehmen und die Trauer zu bewältigen. *Ab 12 Jahren*

Johanna Thydell. An der Decke leuchten die Sterne. Verlag Friedrich Oetinger, Hamburg 2005

Jennas Mutter ist schwer krank und wird sterben. Sie hat Krebs. Jennas Alltag wird von der Krankheit der Mutter bestimmt, gleichzeitig wünscht sich Jenna ein normales, unbeschwertes Leben. *Ab 12 Jahren*

Lutz van Dijk. Leben bis zuletzt. Geschichten von Freundschaft, Liebe und Tod. Patmos Verlag, Düsseldorf, 2007

Was, wenn Liebe in Schmerz umschlägt? Wohin mit all der Wut und Verzweiflung, wenn der Geliebte, die Freundin, der Bruder stirbt? Lutz van Dijk erzählt vom Umgang Jugendlicher mit dem Tod: acht persönliche Geschichten von Menschen, die ihre Ohnmacht besiegen, nicht zerbrechen, im Verlust individuelle Wege finden und dabei mehr über das eigene Leben erfahren. *Ab 14 Jahren*

Gerda van Erkel/Mirjam Pressler. Der salzige Kuss. Rowohlt Taschenbuch Verlag, Hamburg 2008

Nienke bereitet sich in einem Sanatorium auf den Tod vor, denn sie ist unheilbar krank. Dort verliebt sie sich in einen Jungen und erfährt, dass ihr Leben trotz der Krankheit und des bevorstehenden Todes noch immer unendlich wertvoll und reich ist. Sie glaubt an das Glück im Hier und Jetzt und an die Auferstehung in der Erinnerung.

Ein berührendes und zugleich informatives Buch über Mukoviszidose. *Ab 14 Jahren*

Elisabeth Zöller. Auf Wiedersehen, Mama. Thienemann Verlag, Stuttgart 2002

Floras Leben und das der Familie ändert sich plötzlich, als sie erfahren, dass ihre Mutter Brustkrebs hat. Flora versucht jeden einzelnen Tag in ihrem Tagebuch festzuhalten. Dort hält sie auch die Geschichten ihrer Mutter fest und illustriert sie mit ihren Bildern, denn Geschichten bleiben, auch wenn man selbst nicht mehr da ist. Ab 12 Jahren

Musik

Lieder/Singspiele für Kinder

Clemens Bittlinger. Jenseits der Zeit

Ludger Edelkötter/Eric Carle. Die kleine Raupe Nimmersatt. Liederbuch und Singspiel. Karussell (Universal)

Reinhard Mey. Allein

Reinhard Mey. Der kleine Wiesel

Reinhard Mey. Nein, ich lass dich nicht allein

Reinhard Mey. Schade, dass du gehen musst

Reinhard Mey. Wie ein Baum, den man fällt

Hermann van Veen. Ich tanze mit dem Tod

Rolf Zuckowski. Einmal Leben

Rolf Zuckowski. Ich bin stark (Kindermusical)

Songs für Jugendliche

Gila Antara. On my way

Gila Antara. Spirit of the wind

Gila Antara. The river is flowing

Eva Cassidy. I know you by heart

Eva Cassidy. Somewhere over the rainbow

Eric Clapton. Tears in heaven

Die Puhdys. So nah am Leben

Die Toten Hosen. Am Ende

Die Toten Hosen. Alles ist eins

Die Toten Hosen. Nur zu Besuch

Doreen. Der Brief(den ich nie schrieb)

Glashaus. Haltet die Welt an

Herbert Grönemeyer. Der Weg

Herbert Grönemeyer. Mensch

Herbert Grönemeyer. Land unter

Herbert Grönemeyer. Stück vom Himmel

Robert Long. Jos (Suizid eines Schülers)

Xavier Naidoo. Abschied nehmen

Pur. In Gedanken

Pur. Noch ein Leben (Suizid eines Freundes)

Filme

Ausleihmöglichkeiten über Evangelische Medienzentralen, Landesbildstellen, Landesfilmdienste oder Katholische Medienzentralen.

Für Kinder

Abschied von der Hülle. BRD 2004. Dokumentarfilm aus Sendung mit der Maus

Armin Maiwald erzählt vom Tod seines Zwillingsbruders und den Formalitäten, die dann erledigt werden müssen. Er erzählt, wie es ist, wenn ein Mensch stirbt und vom Abschied nehmen. *Ab 8 Jahren*

Dans la nuit. BRD/Frankreich 1995

Der letzte Wunsch eines Jungen ist die Bestattung auf See, dieser wird ihm von seinen fünf Freunden erfüllt. *Ab 8 Jahren*

Filzpantoffeln und Bonbons. Norwegen 1994

Es geht um den Tod eines Großvaters und die Art, wie sich seine kleine Enkelin mit diesem Abschied auseinandersetzt. *Ab 6 Jahren*

Leb wohl kleiner Dachs! Die Sendung mit der Maus. BRD, 26.11.06. *Ab 4 Jahren*

„Noch leb ich ja" – Ein Aids-Kranker erzählt. BRD 1986

Ein Film über das Leben mit Aids und den Tod als Teil des Lebens. *Ab 10 Jahren*

Willi will's wissen: Wie ist das mit dem Tod? BRD 2003

Willi trifft einen Bestatter bei seiner Arbeit. Ein Seelsorger erklärt Willi, wie die Religion Menschen helfen kann, den Tod eines Angehörigen zu verarbeiten. Er trifft einen schwerkranken, sterbenden Mann und ist bei einer Beerdigung und dem anschließenden Trauerkaffee dabei. *Ab 6 Jahren*

Für Jugendliche
Gramp – ein Mann altert und stirbt. BRD 1988. Dokumentarfilm

Ein Bericht über die letzten Lebensjahre und das Sterben von Frank Tugend Gramp. *Ab 16 Jahren*

Das Kinderhospiz. BRD 2003. Dokumentarfilm

Ein Porträt des Kinderhospizes Sternenbrücke in Hamburg. *Ab 14 Jahren*

Das Zimmer meines Sohnes. Frankreich/Italien 2001

Durch einen Tauchunfall stirbt der Sohn einer vierköpfigen Familie. Das Leben der Schwester und der Eltern ändert sich und jeder versucht, mit dem Ereignis für sich fertig zu werden, woran die Familie zu zerbrechen droht. *Ab 12 Jahre*

Leben. BRD 1999. Dokumentarfilm

Eine Auseinandersetzung mit dem, was Leben bedeutet: Geburt und Sterben, Freude und Trauer, Hoffnung und Hoffnungslosigkeit.

Menschen im Hospiz und schwangere Frauen werden auf ihrem Weg begleitet. *Ab 14 Jahren*

Sterben erleben. BRD 1997. Dokumentarfilm aus der Reihe Lebensformen

Das Sterben in unserer Gesellschaft wird immer anonymer, aber es gibt Menschen, die ihre Angehörigen auf dem Weg zum Tod begleiten. Hier werden Menschen vorgestellt, die den Mut hatten, diesen Weg zu gehen. Außerdem geben Mediziner und ein Seelsorger Hinweise auf Dinge, die man beachten muss, wenn man einen sterbenden Menschen begleiten möchte. *Ab 12 Jahren*

Theaterstücke/Museen/Projekte:

Die Tochter des Sargmachers

Ein Theaterstück zum Thema Tod. Über Fragen wie: Wo komme ich her? Wo gehe ich hin? Was ist, wenn ich mal nicht mehr bin? Ab 6 Jahren

www.casamax-theater.de; Frau Hille Marks, Tel. 0221-447661

Erzähl mir was vom Tod

Interaktive Ausstellung um die Fragen des Todes

Als Wanderausstellung zu buchen bei FEZ-Berlin, Frau Lorenz, Tel. 030-5307171; www.fez-kindermuseum.de

Hospiz macht Schule

Präventives Projekt für Grundschulen zum Thema Sterben und Tod. Inhouse Schulungsreihe und Konzept für fünf Schultage

Bundes-Hospiz-Akademie www.bundes-hospiz-akademie.de oder info@hospizbewegung-dueren.de

Jeder hat sein Lied

Eine Spielaktion und Puppentheater. Es geht um Seinsfragen, das Leben und den Tod. Zwischen 5 und 10 Jahren

Kontakt: Heide Hamann, Tel. 02204-54636

Museum für Sepulkralkultur in Kassel

Ausleihmöglichkeit eines Museumskoffers gefüllt mit Objekten, Büchern, Filmen und Vorschlägen für den kreativen Umgang mit den Themen: Sterben und Tod, Bestatten, Trauern, Erinnern

www.sepulkralmuseum.de; Gerold Eppler, Tel. 0561-9189323

Internetadressen

Für Kinder und Jugendliche

- www.allesistanders.de
- www.betanet.de
- www.doch-etwas-bleibt.de (Chatroom für trauernde Jugendliche)
- www.DOMINO-trauerndeKinder.de
- www.geschwister-trauer.de
- www.kinder.trauer.org
- www.kummernetz.de
- www.notfallseelsorge.de
- www.onko-kids.de (Seite mit Chatroom für krebskranke Kinder und Jugendliche)
- www.trau-dich-trauern.de
- www.trauernetz.de
- www.u25-freiburg.de (Seite für suizidgefährdete Kinder und Jugendliche)

Für Eltern und Lehrer

- www.agus-selbsthilfe.de: Wichtige Adresse bei Suizid
- www.bestatter.de: Informationen zum Thema Bestattung und Trauer)
- www.veid.de: Verwaiste Eltern in Deutschland e.V.; weitere Links findet man dort
- www.Sternschnuppenkinder.de: Für Eltern, deren Kinder an Leukämie oder an einem Tumor verstorben sind
- www.leben-ohne-dich.de: Forum für verwaiste Eltern
- www.unsere-sternschnuppen.de: Für Eltern, die ihr Kind durch Frühtod verloren haben
- www.deutscher-kinderhospizverein.de
- www.muschel.net: Für Eltern, die ihr Baby durch Fehlgeburt, Totgeburt, Frühgeburt oder Schwangerschaftsabbruch verloren haben
- www.merlinos.de: Beratung und Begleitung von Kindern, Jugendlichen und Bezugspersonen in Lebens- und Trauerkrisen
- www.hilfe-fuer-kinder-krebskranker.de: Forum für Eltern krebskranker Kinder
- www.verwitwet.de: Für verwitwete Frauen und Männer und deren Kinder
- www.nicolaidis-stiftung.de: Stiftung, die sich um jung verwitwete Mütter und Väter und deren Kinder kümmert
- www.psychiatrie.de: Forum und Information zu Psychiatrie, Krankheitsverläufen, Hilfsmöglichkeiten

12. Literatur

Margit Franz. Tabuthema Trauerarbeit. Don Bosco Verlag, München 2002

Sven Jennessen. Manchmal muss man an den Tod denken … Wege der Enttabuisierung von Sterben, Tod und Trauer in der Grundschule. Schneider Verlag Hohengehren, Baltmannsweiler 2007

Stein Husebø/Eberhard Klaschik. Palliativmedizin. Grundlagen und Praxis. Springer Medizin Verlag, Heidelberg 2006

Verena Kast. Trauern. Phasen und Chancen des psychischen Prozesses. Kreuz Verlag, Stuttgart 2008

Elisabeth Kübler-Ross. Kinder und Tod. Kreuz Verlag, Zürich 1984

Christoph Leyendecker/Alexandra Lammers. Lass mich einen Schritt alleine tun. Lebensbeistand und Sterbebegleitung lebensedrohlich erkrankter Kinder. Kohlhammer Verlag, Stuttgart 2001

Manfred Otzelberger. Suizid. Das Trauma der Hinterbliebenen. Erfahrungen und Auswege. DTV, München 2002

Chris Paul. Neue Wege in der Trauer- und Sterbebegleitung. Hinergründe und Erfahrungsberichte für die Praxis. Gütersloher Verlagshaus, Gütersloh 2001

Christoph Student. Im Himmel welken keine Blumen. Kinder begegnen dem Tod. Herder Verlag, Freiburg 2005

Daniela Tausch-Flammer/Lis Bichel, Wenn Kinder nach dem Sterben fragen. Herder Verlag, Freiburg 1995

William Wordon. Beratung und Therapie in Trauerfällen. Hans Huber Verlag, Bern 2007

Joachim Wittkowski. Psychologie des Todes. Wissenschaftliche Buchgesellschaft, Darmstadt 1990

Danksagung

Es gibt viele Menschen, denen ich dafür danken möchte, dass dieses Buch entstehen konnte.

Besonders danke ich Jan, dem ich in den letzten Monaten seines Lebens sehr nahe sein durfte. Ich habe viel von ihm gelernt.

Meine Dankbarkeit und mein Respekt gilt aber auch allen Müttern, Vätern, Kindern und Jugendlichen, die ich auf ihrem Weg der Trauer begleiten durfte und die mich an ihren Gefühlen, Gedanken, Erfahrungen und Wünschen teilhaben ließen.

Ich danke den Koordinatorinnen des VPH Bensberg, Frau Lay-Wolf und Frau Staub-Herzog, sowie der pädagogischen Leiterin des Kinder- und Jugendhospizes Balthasar in Olpe, Frau Birgit Halbe, und auch Frau Hildegard Vogel für die fundierte Basis der Ausbildung, die sie mit viel Freude an ihrer Arbeit und innerem Engagement vermittelt haben.

Schließlich möchte ich meiner Familie sehr herzlich danken, insbesondere meinem Mann Werner Loers, meinen Kindern Teresa, Elena und Ruben, meinem Vater Gerd, meiner Mutter Marianne und meiner Schwester Sabine Witt.